图像里的古埃及

古埃及王朝简史

〔英〕海伦·斯特拉德威克 总编辑
刘雪婷 谭琪 等译

上海科学技术文献出版社
Shanghai Scientific and Technological Literature Press

图书在版编目（CIP）数据

古埃及王朝简史 /（英）海伦·斯特拉德威克总编辑；刘雪婷等译. —上海：上海科学技术文献出版社，2021
（图像里的古埃及）
ISBN 978-7-5439-8230-7

Ⅰ. ①古… Ⅱ. ①海… ②刘… Ⅲ. ①政治制度史—埃及—古代—通俗读物 Ⅳ. ① D741.19-49

中国版本图书馆 CIP 数据核字 (2020) 第 239180 号

图字：09-2020-963

策划编辑：张　树
责任编辑：苏密娅
封面设计：樱　桃

古埃及王朝简史
GU'AIJI WANGCHAO JIANSHI
[英]海伦·斯特拉德威克　总编辑　刘雪婷　谭　琪　等译
出版发行：上海科学技术文献出版社
地　　址：上海市长乐路 746 号
邮政编码：200040
经　　销：全国新华书店
印　　刷：常熟市文化印刷有限公司
开　　本：720mm×1000mm　1/16
印　　张：11.25
版　　次：2021 年 1 月第 1 版　2021 年 1 月第 1 次印刷
书　　号：ISBN 978-7-5439-8230-7
定　　价：68.00 元
http://www.sstlp.com

目录

CONTENTS

序

埃及位于非洲东北角撒哈拉沙漠，撒哈拉沙漠是世界上最荒凉的地区，雨水稀少。然而，由于尼罗河流经埃及大部分地区，使埃及水源充足、土壤肥沃，这一点也是埃及成为古代世界最重要的文明发源地之一的重要原因。

古埃及的历史通常可以划分为不同的王朝，是按照特殊的稳定时期划分的。埃及历史上最早的纪元一般指前王朝时期和早期王朝时期两代。

穿插在王朝与王朝中的阶段为过渡阶段，过渡阶段是指法老（国王）领导的集权政府被推翻，国家暂处于无主的时期。过渡阶段的最后一个（第三次过渡时期）出现在新王朝时期之后。本书将为您梳理古埃及的历史，走近这个数千年前的文明古国。

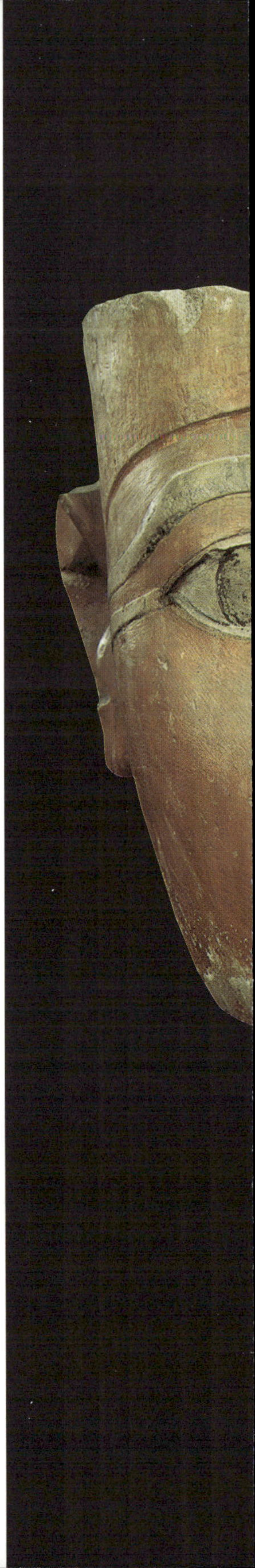

▼ 古代文明

各个时代的陶瓷制品（顺时针方向左起）：哈塞普苏王后雕像中的一部分，前王朝时期格尔津（Gerzean）陶器和一个雕有早期王朝时期打猎场面的光洁的皂石圆盘。

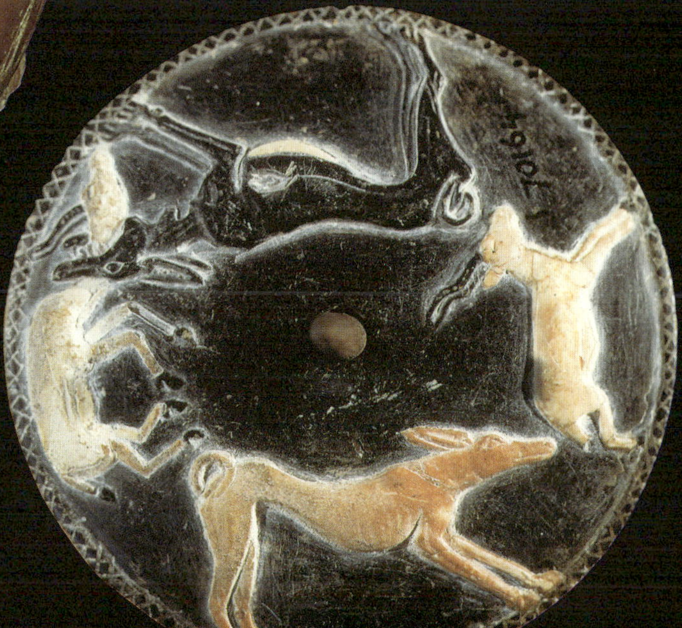

埃及，尼罗河的礼物

尼罗河滋养着埃及南北大部地区，在汇入地中海之前形成了一个巨大的三角洲。可以肯定地说，没有尼罗河的养育，埃及只能是一片巨大的沙漠。面对这一奇特的地理构造，希腊历史学家希罗多德（公元前483—前420）发出了“埃及——尼罗河的礼物”之感叹。

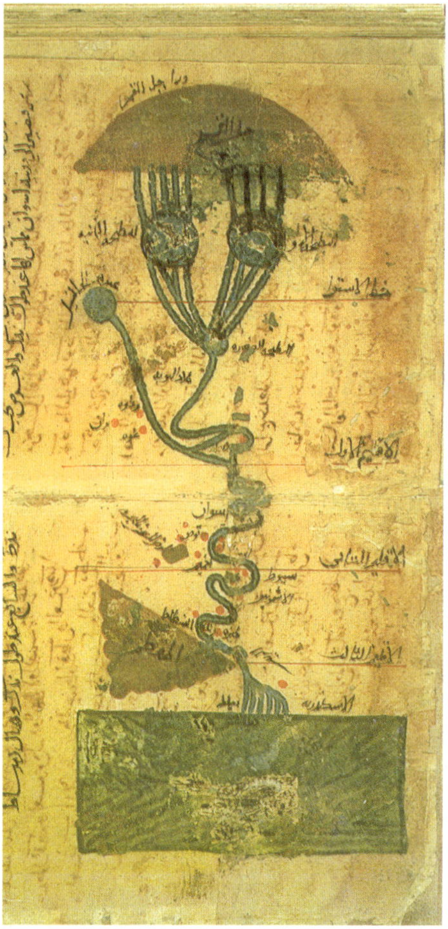

公元前5000年左右，气候的变化将撒哈拉的大片草场变成了沙漠，以打猎为生的牧民被迫迁往尼罗河谷一带，在尼罗河谷富饶的土壤上播种收获，饲养家畜，建立稳定的社会生活，而经济的发展又促进了国家的形成。尼罗河在数千年来古埃及文明的形成和发展中起着至关重要的作用。

◀ **中世纪时期地图**

中世纪的阿拉伯游人在看到古埃及遗址后惊叹不已，在其后的多部作品中描绘了古埃及人民的服饰、巍峨壮观的纪念碑，有的作品还绘制了城镇、村庄和自然景致。

这幅作于9世纪的地图标出了尼罗河，尼罗河左面为法尤姆绿洲，绿洲通过巴约瑟夫（Bahr Yussef）运河与尼罗河相连。尼罗河在北部进入三角洲地区，之后分成6条支流。

▼ **椰树**

埃及的土地上长满了高大的椰树，盛产椰子，坚硬的椰壳中是营养丰富的果实。这幅图画描绘了埃及金字塔附近地区，在微风中摇曳着的椰树。骆驼、牧人和驴的影子投射在运河的水中，完全真实反映了埃及的乡村生活。

早期埃及人完全依赖尼罗河，尤其是在每年尼罗河水泛滥时，洪水都会将肥沃的淤泥冲到这片广袤的土地上，滋养大片田地。尼罗河带给这片土地的还有鱼类、水禽、书写用纸；编筐、编席用的竹苇和草；制陶和制砖用的泥土，使埃及走上了建立一统国家的道路。尼罗河之所以如此重要还在于埃及人非常看重每年以哈比神（Hapy）形式发生的洪水。哈比神是富饶的象征，他长着女人的胸脯，身穿女人的服装，蓝绿色的肌肉代表着植物的再生和水域。

与尼罗河有关的其他图腾崇拜包括蛙首女神赫卡特（Heket）、河马女神塔瓦瑞特（Taweret），这两个女神都和分娩有密不可分的关系。

▲ **卫星拍摄的埃及**

尼罗河水滋养的富饶的土地（图中橘色地区），在流过沙漠地带时，沿河流堤岸形成细带状。当尼罗河分为两条主要支流和在开罗北面形成几条更小的支流时，富饶的土地就在三角洲一带形成。

洪　水

古代埃及生活的整个节奏都受到尼罗河每年暴发的洪水控制。1964年，阿斯旺大坝（the Aswan Dam）正式开通，调控了洪水。在此之前，每年6月15日前后在阿斯旺附近都要暴发洪水。整个夏季水势逐渐上涨，9月份达到最高峰，进入秋季后，水势逐渐减弱。

◀ **纸莎草**

莲花和纸莎草是古埃及的两种代表植物，被当时的人们用来编篮子、造船、制作家具、编草席等，盛产于三角洲地区的沼泽湿地，是埃及低地的典型植物。

▶ **为洪水的到来作准备**

图中刻在尼罗河岸上的阶梯状刻度叫作水位表，用于预测洪水的高度。如果即将到来的洪水水位很高，埃及人就要把他们的财产物品搬到高地上；洪水如果很小，他们只要动用前一年的粮食储备，就能度过洪水期。

▲ **交通线路**

流经埃及从南到北全境的尼罗河是埃及交通的主要路径。用纸莎草做的船只、货船和装载乘客的木船穿梭于尼罗河上。在阿斯旺和努比亚，穿过洪水前行需要水手具备较高技巧。

◀ **努比亚人**

在古王朝时期（公元前2686—前2181），埃及人将他们在努比亚一带的统治延长至阿斯旺南部，他们在那里开采黄金。为了保住他们在这一区域的王朝统治，镇压努比亚人的造反，中古时期（公元前2055—前1650）法老开始建造大型堡垒要塞。

▲ **单峰骆驼**

现在埃及境内的阿拉伯单峰骆驼在法老时代是不用的，当时毛驴是主要的牲畜。单峰骆驼非常适应沙漠的极端气候，大约自托勒密时期（Ptolemaic times）起就往来于尼罗河谷到沙漠绿洲，再到努比亚一带。

▼ **丰富资源的流失**

自20世纪60年代阿斯旺大坝建成，尼罗河水就不再每年为沿岸土地带去丰富的营养，但河水中仍有大量的鱼，为埃及人提供丰富的水产品。在王朝统治前就使用的捕鱼方式一直延续至今，未发生大的改变。

洪水泛滥期间，农民不得不放下农活，加入修建庙宇、纪念碑等建筑物的大军。11月时，农民们又会回到田间地头，耕种被洪水中营养物滋养了的土地，为第二年的春种打下良好的基础。

为了记录河水的高度，预测土壤的肥沃程度和粮食产量，古埃及人发明了水位表，上面刻有阶梯状刻度，用于测量水位。如果预测水位将过高，人们就会搬到高地上去；如果水位不高，只要依赖以前的粮食储备就可以度过洪水期。干旱会引发传染病和国内的混乱局面。

▼ **在水域之上**

为防止一年一度的洪水给他们带来的巨大损失，古埃及人都把城镇、乡村建在远离河流的高地。尽管采取了种种防御措施，他们还是常常会在大规模的洪水面前束手无策，听凭洪水的摆布。

◀ **灌溉**

埃及人利用各种方式从河流和运河中取水。最古老的方式可追溯到法老时期，当时采用最多的桔槔汲水（下图），就是一根杠杆的一端拴上水桶，另一端拴在重物上以保持平衡。始用于托勒密时期的水轮（中图）是在垂直的轮子上面装有容器，用牛拉转。与水轮同时使用的阿基米德涡轮（上图）通过鼓形圆桶的转动取水。

▶ **小帆船**

如今，帆船仍和法老时期的一样，航行在尼罗河上，只是古代船只上的直角帆为现代帆船的三角帆所取代。这些给人以深刻印象的船队接送游客航行于卢克索和阿斯旺之间。

前王朝时期（公元前5500—前3100）

法老之前的埃及

尽管对于前王朝时期的埃及我们知之甚少，但考古发现却显示法老统治前的埃及存在着复杂而迷人的文化。

随着沙漠蚕食曾经富庶的非洲大草原，北非的游牧猎人采集者们也逐渐定居在尼罗河及沙漠中的绿洲地区，他们的生活方式也转变为放牧及驯养动物。直至公元前4000年，埃及阿姆拉特（Amratian）初期［也被称作内加达文化第一阶段（Naqada I）］，他们开始种植小麦和大麦，饲养山羊、绵羊、牛和猪，并驯养驴和奶牛。他们还制造了第一批陶器、砖块、化妆调色板及战争权杖。

用于贮藏和运输的外观呈黑色的红黏土陶器非常有特色，但此时也开始被刻有图案的陶器所取代，这些图案主要是描绘人们打猎和日常生活的场景。随葬品中包括黏土及象牙人像和石头器皿。埃及阿姆拉特时代末期，在卢克索（Luxor）北部的内加达（Naqada）和卢克索南部的希拉康波利斯（Hierakonpolis）地区出现了人口密度较低、分布杂乱的聚居区。

▼ **刀锋**

刀锋绑在木质、骨质或象牙质刀柄上。史前刀具用来为动物剥皮屠肉。

◀ **晚期燧石制品**

前王朝末期，石头刀片已被刻出精细而锋利的锯齿边。

▼ 箭头状物

尖锐的箭头状物绑在木质长柄上，用于在大草原上猎取野生动物。曾极为富饶的大草原现在已成沙漠。

步兵们围着缠腰布在进行徒手肉搏

刀柄中部刻画的是由纸莎草做成的一条浅槽小船和两条船首垂直的小船之间的海战

► Gebel el–Arak 匕首

这个武器铸于公元前3200年左右，现珍藏于法国巴黎卢浮宫内，是埃及顶级艺术瑰宝之一。燧石刀片呈浅色，纹理呈波纹状，颇为与众不同，嵌于由河马獠牙制成的刀柄中。匕首一面刻着陆战及海战图，另一面刻着一位长胡子男子在驯服两头狮子。这一设计源于美索不达米亚（Mesopotamia）文明。

▼ 岩石艺术

和其他地方一样，埃及的史前游牧猎人们也发展了岩石艺术。这些雕刻艺术是在沙漠东部的瓦迪·哈马马特（Wadi Hammamat）地区发现的。上面刻画的是猎人们的猎物，也许是一种感应巫术（sympathetic magic），其目的是保佑打猎成功。

格尔塞时期

公元前3500—前3100年是前王朝时代的最后阶段，被称作格尔塞时期(Gerzean Period，也称作内加达文化第二阶段)，是根据格尔塞的一处遗址命名的。格尔塞位于开罗南部80千米处(约50英里)。这处沙漠当时是最为干燥的地区，尽管内加达和希拉康波利斯已经成为联系紧密的城邦，但人们仍选择定居在法尤姆(Farum)绿洲及东北部三角洲地区。

那时的随葬品中出现了动物形状的化妆调色板、硬石器皿和权杖头。由浅色黏土制成，外表涂有红赭色装饰图案的陶器上也开始出现巴勒斯坦及美索不达米亚主题。这一时期还出现了做工最为精良的燧石工具，以其波纹状刀锋及象牙和骨质刀柄而著称。刀柄上一般都刻有反映人们打猎和战争场景的浮雕。化妆调色盘也开始更追求礼仪价值而非实用，上面刻有战斗场景及真实存在或虚构的野生动物。

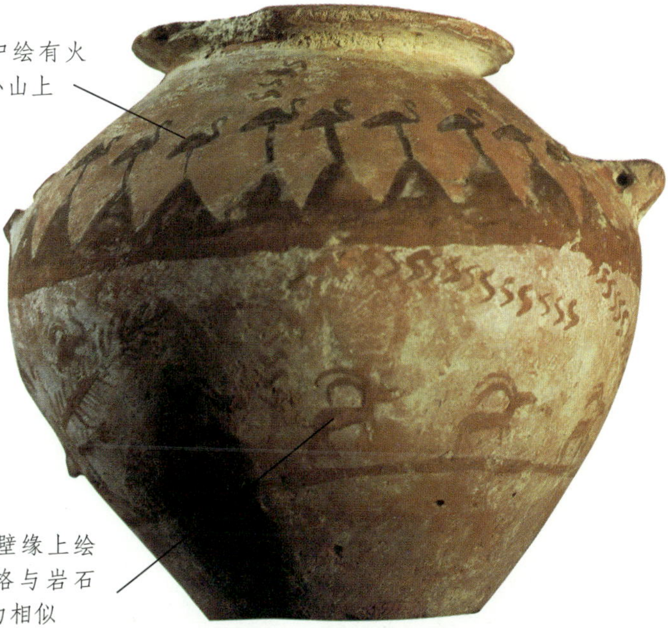

格尔塞陶器

格尔塞陶器发现于上埃及以南地区。浅色黏土及红赭色装饰图案是这时期陶器的主要特点。

知识窗

前王朝时期的织物

在底比斯（Thebes）南部约30千米（18英里）处上埃及戈伯伦（Gebelein）地区的一处前朝古墓中发现了这块制作精良的亚麻布品碎片，上面印有红、黑两种颜色。这块残破的亚麻布被发现时，被卷放在墓主尸体旁边。布上绘有两条小船，船上有两个船舱，船头船尾微微弯曲。两条船上分别有一位领航员和几位划手。同一布品的其他碎片绘有妇女们舞蹈和猎获河马的场景。

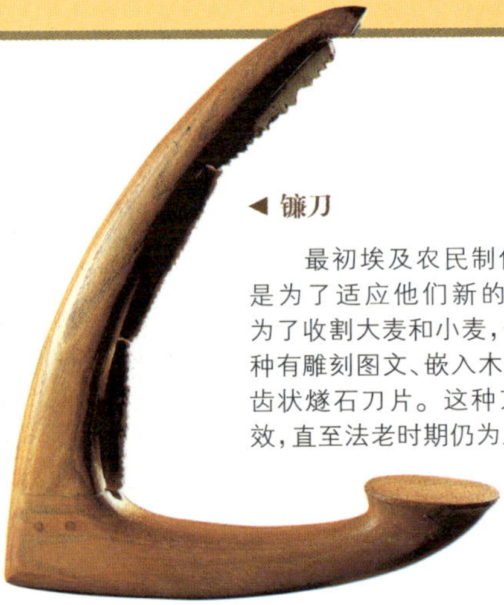

◀ **镰刀**

最初埃及农民制作的工具都是为了适应他们新的农耕活动。为了收割大麦和小麦，他们使用一种有雕刻图文、嵌入木质刀柄的锯齿状燧石刀片。这种刀片非常有效，直至法老时期仍为人们所用。

▼ **阿姆拉特陶器**

图中是阿姆拉特时期（公元前4000—前3500）的连体双花瓶，表面漆有发亮的红赭色颜料。上面的装饰图案呈白色，绘有山羊和人形及几何形图案。

▼ **阿姆拉特陶器**

阿姆拉特时期陶器的特点是边缘呈黑色，主体为红色。设计主要包括碗和图中所示的大花瓶，约为50厘米（20英寸）高。

内加达和希拉康波利斯那时都已有城墙，而且墓园的坟墓大小也开始有所不同，显示了这个已成形的社会的进化及不同阶层的发展。最大的坟墓由砖块砌成。希拉康波利斯的一座大坟墓中有壁画，这是埃及可考的首个坟墓壁画。壁画上描绘的战斗场面和权力主题暗示着在已确立的城邦中发展出了敌对的王国。

► **赫鲁斯神（Horus）**

这个金猎鹰头被发现于希拉康波利斯的赫鲁斯神庙中。赫鲁斯是这座城市的守护神。在前王朝时期，位于卢克索南部80千米（50英里）处的希拉康波利斯城是上埃及地区主要的人口聚集中心。

◄ **希拉康波利斯壁画**

在格尔塞时期（公元前3500—前3100），一位希拉康波利斯王子命令在他的坟墓中绘制的壁画。图中打猎和战争场景周围环绕着6条小船，这反映出坟墓主人生活在暴力世界中。

化妆调色板

用来混合调制化妆品的泥岩调色板最早出现于阿姆拉特时期（公元前4000—前3500）。到了格尔塞晚期（大约公元前3100），化妆调色板已经失去了其最初的作用，上面刻有浮雕，成为祭祀供奉物品。现收藏于英国牛津博德利博物馆（Bodleian Museum）的希拉康波利斯化妆调色板是现今保存最为完好的化妆调色板之一，上面刻有打斗的动物图案。

▼ 希拉康波利斯壁画

20世纪初期，在希拉康波利斯王子的古墓中，埃及古物学者发现了埃及最为古老的壁画（公元前3500—前3300）。古墓的墙壁由表面涂有灰泥的土坯垒成。坟墓中有一面低墙将坟墓分隔开来，在低墙的一面和坟墓的西墙上绘有黑色、红色和白色的壁画，从黄赭色的背景墙壁中凸起。上面绘有船只，船周围绘有对峙的战士和猎人。这种图案和在陶瓶及化妆盘上的图案是一致的。

绘于化妆盘上部边缘的两只狗坐在它们自己的后腿上

吸盘或杯状处是用来磨制、混合眼影粉的

吸盘周围刻有脖颈为蛇状的狮子

瞪羚、巨角塔尔羊及山羊正在被狗追赶

将动物垂直排列等埃及设计手法已经开始得到运用

知识窗

“公牛”化妆调色板和最初的象形文字

在法国巴黎卢浮宫展示的“公牛”化妆调色板上刻有一位获胜的国王，以正踩踏敌人的公牛形象出现。下面是两个城墙为锯齿状的城邦的图形，其中一个图形已经不完整了。

在这个城墙坚固的城邦中刻制了两个象形文字，这是埃及文字中最为古老的符号。这两个象形文字代表的是一座古老城邦的名字。以公牛形式出现的国王形象贯穿于整个埃及历史。确实，“强大的公牛”已经成为法老的特征之一，并成为其礼节名字。收藏于开罗博物馆的那尔迈石板上刻画的是一个以公牛形象出现的国王踩踏敌人的类似的场景。

石板的另一面象形符号代表的是囚犯。

前王朝时期(公元前5500—前3100)

无历史记载的王朝

前王朝时期(公元前5500—前3100)的最后一个阶段,在埃及各个不同派别之间出现了争夺整个埃及统治权的斗争,导致了埃及首个国家政权的出现。

▲ **红色王冠**

浮雕上刻画了一位国王坐在宝座上,头戴下埃及地区的红色王冠,身穿赫卜塞德(heb-sed)服饰。

第零王朝(“Zero” Dynasty)这个名字很令人讶异,它强调了我们对于法老时代前的古埃及历史还没有完全了解。德国考古学家的研究创造了这个王朝,它与已知的历史记录是相矛盾的。例如,他们发现埃及统一前就由国王统治。这些早期统治者被称作“赫鲁斯国王”,因为国王的名字是被刻在代表王宫的矩形方框中的。这种方框是一种象形符号,是王宫门面装饰的组成部分,里面刻着君主的名字。王宫门面方框的上方刻有一只猎鹰,象征着赫鲁斯神。在之后的埃及王朝中,在矩形方框基础上还增加了椭圆形名字徽框,里面圈有国王的王位和出生时的名字。

在位于阿拜多斯(Abydos)城的蝎子王(Scorpion)、埃里霍尔(Herihor)、卡(Ka)等几位国王古墓的随葬品中发现了几个刻有铭文的物品,这证明了古埃及人在大约公元前3150年之前就已经创造了书写系统。遗址处的最新发现同样显示出“蝎子”也许是一个头衔,而非名字。

区域势力

前王朝末期，权力中心集中在内加达、希拉康波利斯和提尼斯（Thinis）地区，墓地集中在阿拜多斯。这些地区的各权力间发生冲突，也使得上埃及地区获得了发展，并以希拉康波利斯［埃及语称其为奈赫恩（Nekhen）］为都城。这个地区的国王们不断将势力扩展到北部的内加达，最终定都提尼斯。

▼ 刻有战斗场景的石板

促成上、下埃及统一的事件是当时描绘暴力征服的艺术品中常见的主题。此石板上描绘的是被捕后的战俘成为禽类食物的场景。

两面旗帜上绘有两只鸟的图案，两只鸟分别是太阳神赫鲁斯的猎鹰和月神托特（Thoth）的红鹳

王室旗帜上绘有带子，用来将囚犯的胳膊绑在身后

秃鹰和其他猎鸟从空中俯冲到死去士兵的身上，啄食他们的眼睛

“国家”一词的象形文字，顶部附有纸莎草纸片，意思是“下埃及土地”。

以狮子形式出现的国王撞倒了一名敌人，并在盛怒中将其撕成碎片

见证统一

在提尼斯统治的国王们为与他们的家乡地区保持友好关系，特在希拉康波利斯的赫鲁斯神庙中上贡。在所谓的神庙的主堆积（Main Deposit）处发现了蝎子王的仪式权杖、第一王朝缔造者那尔迈（Narmar）用的进贡时的石板。上埃及的统治者将其领土从提尼斯延伸到北部的三角洲（Delta）地区，并进一步延伸到南部的第一大瀑布（First Cataract）地区。

第零王朝的国王们被埋葬在位于阿拜多斯的U形墓地中，是遗址最为古老的一部分。这个地区后来成为欧西里斯教（cult of Osiris）的中心。然而大部分国王的名字还未被破解。现在我们把与U形墓地相连的墓地称作乌姆艾尔凯博（Umm el-Qa'ab），里面存放着早期王朝时期（公元前3100—前2686）法老们的古墓。两个墓地在埋葬风格和墓葬品方面均有很强的文化联系，因此王朝时期的创立很可能还要更早。

◀ 统一时期

这张地图显示了上、下埃及统一前最为重要的权力中心。希拉康波利斯的国王们征服了内加达和提尼斯，而后将领土延伸到北部的三角洲地区，再进一步延伸到南部的第一大瀑布地区。

◀ **哈索尔国王（King Hathor）**

这个刻在一个黏土器皿上的矩形方框中没有猎鹰，里面刻有第零王朝统治者哈索尔国王的名字。由于“Hat”代表“第一”，“Hor”代表“赫鲁斯”，因此哈索尔国王名字的意思是“赫鲁斯至高无上”。

矩形方框	文字转录
	Nihor or Nuhor (?)
	Hathor (?)
	Irjhor (?)
	Ka
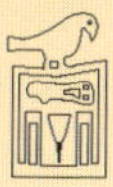	Narmer

◀ **第零王朝的国王们**

在图表中前两个名字的矩形方框中缺少了赫鲁斯猎鹰的形象，这两个象形文字代表的是尼霍尔（Nihor）或努霍尔（Nuhor）和哈索尔。下面代表伊尔吉霍尔（Irjhor）的象形文字中有猎鹰的形象，但缺少了矩形方框。在国王卡和国王那尔迈的名字中，矩形方框和猎鹰这两个元素首次一起出现。

▶ **Gerbel el-Araq 刀具**

礼仪权杖头和右图这把刀（收藏在巴黎卢浮宫）等物品都是皇权势力的象征。这把河马牙质刀柄的一面描绘了狩猎场景，刻画了狗、狮子和野山羊。刀柄的上部刻画了一位身着美索不达米亚服装、正在驯服两头狮子的男子形象。刀柄的另一面刻画了4排战斗场景，光头士兵与长发敌人激战的场面。这些主题反映了公元前4000年末埃及文明和美索不达米亚文明间存在着联系。

那尔迈，古埃及的第一位法老

上、下埃及于公元前3100年左右实现了统一，这为法老时代的埃及奠定了基础。那尔迈是联合王国的缔造者和统治者——第一位法老吗？

根据古埃及传说，上、下埃及的统一是由一位名叫美尼斯（Menes）的传奇统治者实现的，他还发现了两片土地中间的城市。然而在历史上，美尼斯传说一般与两位统治者联系在一起——那尔迈（Narmer）和阿哈（Aha）。

由于那个时代没有留下任何详细记录，埃及史学家们对于那尔迈是否是第一王朝的先驱或缔造者这个问题展开了争论。一些人认为那尔迈和阿哈是同一个人，另外一些人认为阿哈是那尔迈的儿子，是其继任者。然而，在1985年于阿拜多斯（Abudos）发现的一个容器封泥上刻着第一王朝8位统治者的名字，那尔迈位列第一，阿哈紧随其后。

能够证明埃及是在那尔迈统治时期实现统一的最重要的考古证据，是于1897年在希拉康波利斯发现的豪华礼仪石板。在古王朝时期（公元前

相关链接

埃及的双重王冠

上、下埃及的统一能够在国王的仪式礼服上反映出来。各个地区的皇冠都有其独特形状，这个形状被认为是当地统治者的重要标志。

作为埃及统一后的统治者，法老头戴双重王冠。双重王冠将上、下埃及的两个王冠组合在一起。欧西里斯神所佩戴的头饰与白色王冠很相似，而创造女神奈斯（Neith）头戴的王冠正是象征着下埃及的红色王冠。

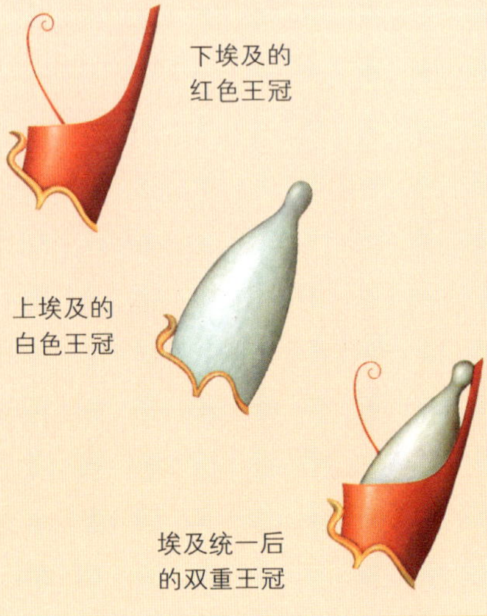

◀ **王室权杖头**

19世纪末期，于前王朝时期上埃及都城希拉康波利斯［今天的孔姆艾尔阿哈迈尔（Kom el-Ahmar）地区］出土的文物中有很多当时的祭祀品和宗教仪式器具。

在出土文物中有一个仪式权杖头（左图）。权杖头上刻有塞德节（sed festival）的节日场面。图中那尔迈坐在一顶绘有王室徽章的遮篷下。他身后是一群戴着手铐脚镣的犯人，而在他前面有一个犯人躺在担架上。

法老身着仪式短礼服，头戴红色王冠，坐在代表两个国家的王座上

2686—前2181）神庙地板下发现的这块泥岩石板和一个石灰石权杖头上的象形文字清楚地表示了一位名叫那尔迈的法老。不幸的是，这一挖掘没有得到详细的记录，但是石板的两面均刻有那尔迈的名字，并且一面刻有国王头戴上埃及王冠的形象，另一面刻有法老头戴下埃及王冠的形象。

在石板上描绘的场景中，那尔迈正在痛击敌人。这种胜利的法老形象被应用了大约3 000年，并且在每一个埃及神庙中都被重复使用，神庙中均刻有当权统治者摆出胜利姿势的形象。这种情况一直持续到罗马时代。

孟菲斯的建立

很可能是阿哈建立了新都城孟菲斯，因为在孟菲斯大墓地萨卡拉上记录的首位统治者的名字就是阿哈。然而我们很难确切地判断出国家的权力中心具体在何处。第一和第二王朝时期，在萨卡拉和上埃及地区最重要的墓葬地阿布多斯都修建了巨大的墓葬群。

尽管我们对那尔迈的性格一无所知，但我们知道他永恒的丰功伟绩是将文化极为不同的地区统一在了一起，建立了政权和国家意识。如果没有一个具有远见卓识的强大的集权统治者，这一切都是无法实现的。

◀ **战胜北方**

这块石板是为了纪念战胜下埃及而制作的，上面表现了多个征服场景。猎鹰抓着敌人，在象形文字中代表“国家”。6个纸莎草篱片是三角洲地区的象征。赫鲁斯猎鹰是上埃及的神，同时也代表了战神。

▲ **“鲇鱼”**

在那尔迈石板的两面，法老的名字以鱼（代表nar）和凿子（代表mer）的象形文字出现，翻译过来的意思是“鲇鱼”。

▶ **胜利者和被征服者**

那尔迈石板的一面刻有法老头戴上埃及王冠的形象。法老手抓一个跪在他面前的敌人的头发，高举权杖，正准备打击敌人。表现敌人屈服主题的场景是埃及艺术中长存的形象，代表着埃及的不败。

早期王朝时期（公元前3100—前2686）

早期王朝时期

早期王朝时期，或称提尼泰（Thinite）时期，开始于埃及首位法老那尔迈统一埃及。这一时期持续了400余年，包括古埃及最初的两个王朝。

提尼泰时期得名于上埃及阿拜多斯附近的提尼斯。最初两个王朝的统治者均来自提尼斯。早期国王的统治几乎没有什么标志性的事件。历史学家不确定是否所有的法老都被记录下来了，就算对于那些已经被证实存在的法老，他们即位的先后顺序也无法确定。

似乎这个地区是在前王朝时期末期争夺上、下埃及统治权的小国之一。提尼斯成为统一后的埃及首批统治者的权力中心，但是很快都城就转移到了孟菲斯。孟菲斯地处三角洲和尼罗河谷之间，地理位置颇具战略意义。正是在孟菲斯，国王的政权和法老时代埃及的一系列法规被建立了起来。

◀ **一位提尼泰王朝法老的象牙小雕像**

在阿拜多斯的欧西里斯神庙中发现的这座小雕像代表着一位头戴上埃及白色王冠、身份不明的法老的形象。

法老身着塞德节礼服，双臂交叉在胸前。他可能手拿着象征君主身份的弯钩（crook）与连枷（flail）。尽管保存情况糟糕，但我们还是能够在伦敦大英博物馆中欣赏到这座制作精良的雕像。

◀ **费德（Fed）石碑**

在阿拜多斯发现的这块石碑现存放在法老巴黎卢浮宫博物馆。石碑上的碑铭是一些最早期的象形文字，描述了名为费德的一位已逝朝臣。

塞特（Seth）的头上有一个长鼻子和一对方形耳朵。它被比作食蚁兽，但很可能也是一头完全虚构的野兽

塞特是邪神，但在提尼泰时期仍受到崇敬

T形十字章是古埃及生命的象征，经常是由神送给法老以赐予其永恒的生命

塞特的身体被描绘成人或狗的身体

▶ **塞特神**

塞特是埃及最为古老的神之一。他来自欧普斯，是上埃及的保护者。在提尼泰时期，法老是当时下埃及保护者塞特和赫鲁斯两位神的化身。

由于身陷欧西里斯圈（Osirian Cycle），塞特谋杀了欧西里斯和一位身份不明的神。塞特被尊为一位骁勇的战士，同时也因其杀手身份而受到藐视。

这座雕像的年代比较晚，是一组刻画由塞特和赫鲁斯加冕的拉美西斯三世法老雕像群的一部分。

提尼泰时期的主要创新之一就是纪念碑建筑。早期王朝的泥砖宫殿由于时间久远已经沦为断壁残垣。它们最初的样子可以从杰特（Djet）墓葬石碑之类的物件中看到。很可能这些早期宫殿周围建有坚固的保护墙，上面轮流设后移（set-back）和悬突体（overhang）。

▼ **装饰圆盘**

维齐尔赫玛卡（Hemaka）生活于约公元前3050年，他的古墓中包含一个镶嵌着象牙的木质箱子，箱子内部有一些打孔的圆盘被穿在一根木杆上。它们可能是抽陀螺（spinning top）。

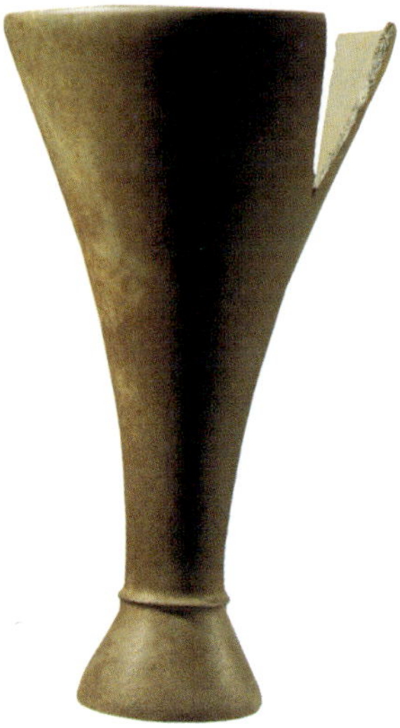

▲ **提尼泰杯**

这个源自第一王朝时期的杯子发现于下埃及地区的一处墓葬，现保存于德国慕尼黑埃及博物馆。

◀ **动物艺术作品**

瞪羚状的花瓶出土于三角洲东部地区。花瓶显示出当时的艺术家已经具有非凡的创造力。

▲ **狗猎捕瞪羚**

这个圆盘也是在位于萨卡拉的下埃及维齐尔赫玛卡的古墓中发现的。圆盘上描绘的是一个捕猎场面，两只瞪羚被两只猎狗追赶着。赭色的狗和瞪羚的身体是由雪花石膏制成的，由某种黏合物质固定在了黑色皂石上。

历史与社会

早期王朝时期（公元前3100—前2686）大事表

第一王朝始于公元前3100年

▲ **拥有两个名字的国王**

在女王奈特霍特普（Neithotep）古墓出土的象牙标签的细部显示出了第一王朝阿哈国王的名字。奈特霍特普很可能是阿哈的妻子。猎鹰下刻的就是阿哈的名字。他的另一个名字是“Men”。这令人想到阿哈和孟菲斯半虚构的缔造者美尼斯很可能是同一个人。

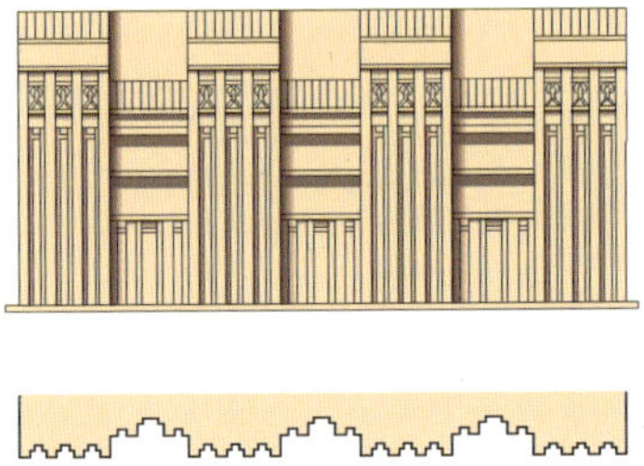

▲ **皇宫**

法老哲尔（Djer）在他父亲建立起来的都城孟菲斯建造了他的皇宫。“皇宫正面”（图中所示的平面图）是矩形方框（serekh）的一部分，法老的名字就刻在矩形方框中。矩形方框是名字徽框（cartouche）的前身。

公元前3100年　　公元前3000年　　公元前2980年

第一王朝（公元前3100—前2890）

法老

◀ **阿哈（Aha）**是埃及统一后的首任法老那尔迈的直接继任者，很可能也是他的儿子。“Aha”的意思是“战士”。在阿拜多斯和萨卡拉发现了两座古墓，其中一座可能是衣冠冢。

◀ **哲尔（Djer）**是阿哈的儿子，接替其父成为埃及的法老。他名字的意思是“赫鲁斯，他是救世主”。哲尔在阿拜多斯的古墓是最先设置不同的墓室放置随葬品的古墓。

▶ **杰特（Djet）**，也被称作大毒蛇，葬于阿拜多斯一座木头围起的墓室中。在他的古墓附近有一块石灰石墓葬石板，现存于巴黎卢浮宫。石板上刻有大毒蛇的象形文字，其发音近似于杰特。

▶ **登（Den）**是杰特的儿子和继承人。他是第一王朝时期埃及最重要的法老之一。他名字的意思是“赫鲁斯，他用力击打”。登是第一个被冠以“上、下埃及国王”的君主，也是首位将“纸莎草和蜜蜂之人”加入皇族名字的君主。他在阿拜多斯的古墓是将石头用于建造墓葬纪念碑的最早范例。

◀ **法老杰特的墓葬石板**

这块华丽的石板制于5 000年前，长143厘米（56英寸），宽65厘米（25.5英寸）。石板现保存于巴黎卢浮宫博物馆内。石板的上部刻画着代表赫鲁斯的猎鹰形象。名字徽框上有意为一条蛇的象形文字。石板的下部刻画着典型的“王宫正面”图。

▲ **与东部的首次冲突**

在阿拜多斯出土的象牙滴水石（现保存于大英博物馆）上描绘了法老登（Den）用权杖击打一位亚洲权贵的场景。石上的铭文写着“第一次击打东方人”并且显示出是与巴勒斯坦的冲突。

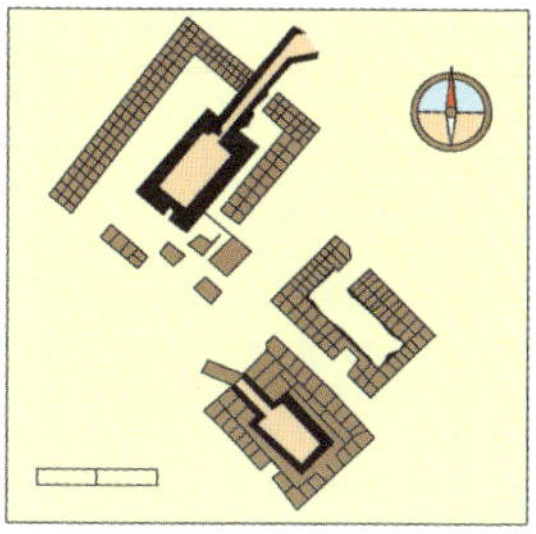

◀ **人类祭品**

这个位于阿拜多斯一处墓地的平面图显示出第一王朝时期3位法老的古墓：登、瑟莫赫特（Semerkhet）和卡（Qa'a）。这几座古墓非常大，四周环绕着许多小古墓。以法老登的古墓为例：这座古墓面积56米×25米，四周大约有174个仆人的陪葬古墓。最终沙巴提小人取代仆人“履行”了这一使命。

公元前 2950 年　　**公元前 2925 年**　　**公元前 2900 年**　　**公元前 2890 年**

第一王朝（公元前 3100—前 2890）

► **阿涅德吉布（Anedjib）**名字的意思是“救赎是他的心”。他是首位将“两位女士”这个头衔冠在其名前的统治者，这强调他是上、下埃及两地的统治者。他在阿拜多斯的古墓中有一块泥砖，石砖上的梯形结构被认为是梯形金字塔的雏形。

► **瑟莫赫特（Semerkhet）**篡夺了阿涅德吉布的王位。他自己的王位后来也被卡夺去。他名字的意思是“体贴的朋友”。

◀ **卡（Qa'a）**在推翻瑟莫赫特后接掌了政权。他名字的意思是“高举双臂”。

提尼泰时期的埃及

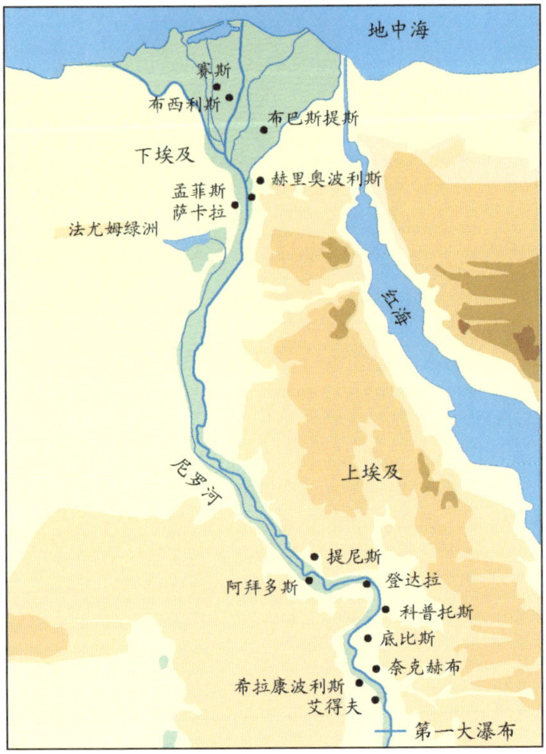

公元前 2890 年 **公元前 2865 年**

第二王朝（公元前 2890—前 2686）

◀ **海特普塞汉威（Hetepsekhemwy）**是第二王朝的缔造者，他实现了上、下埃及间的和平。他名字的意思是"悦权（pleasing in powers）"。他在孟菲斯附近的萨卡拉修建了自己的陵墓。孟菲斯当时是埃及的唯一都城。

▶ **拉内布（Raneb）**是第二王朝的第二位法老。他名字的意思是"拉是上帝（Ra is the lord）"。这是宗教诞生最为古老的证据。这个宗教是由下埃及地区赫里奥波利斯的祭司们所建立的。

◀ 刻有两位女士的石板

这块珍贵的双石板（48厘米×10厘米）年份可追溯到提尼泰末期。这块石板发现于萨卡拉的大墓地，现存放于巴黎卢浮宫。

▲ 改名字

提尼泰时期倒数第二个法老以塞含伊卜（Sekhemib，意为“有力的心”）这个名字开始了他的统治。他的矩形方框上面站着赫鲁斯猎鹰。在他统治后期，塞特神的地位得到了提高。他的矩形方框上就装饰了一只形似塞特的动物。他还将他的名字改为佩里布森（Peribsen，意为“万心的希望”）。

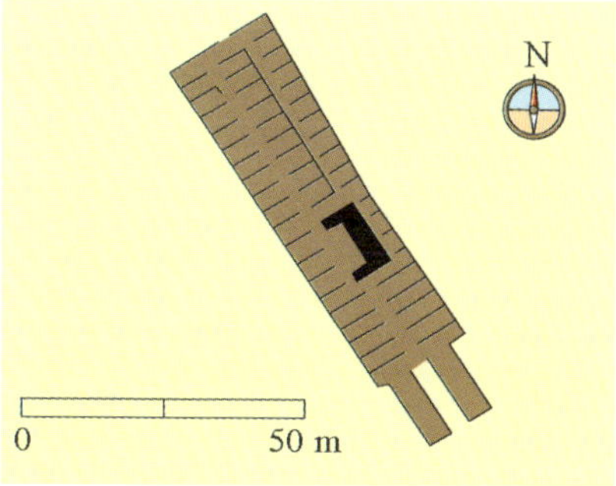

▲ 提尼泰最后一位法老的古墓

哈塞汉姆威死于公元前2686年。在他之后第二王朝和提尼泰时期便结束了。他被安葬在一座长70米、最宽处为17米的梯形古墓中。这座古墓有一间石室，43间用于放置祭品的储藏室。它是阿拜多斯墓葬中最后一个皇室古墓。

公元前 2700 年 **公元前 2686 年**

第二王朝（公元前 2890—前 2686）

◀ **尼内特吉尔（Nynetjer）**是第二王朝的第三位法老。在上埃及地区内部紧张情况加剧时，他拆除了三角洲地区几个城市的要塞。他名字的意思是“神圣（divine）”。

对于温内格（Weneg）和塞涅德（Sened），我们知道的只有他们的名字。他们的权力很可能只局限于孟菲斯地区。由另一位不知名的法老控制着上埃及地区。

▶ **佩里布森（Peribsen）**将都城迁至提尼斯，但被葬于阿拜多斯，其古墓靠近第一王朝国王们的古墓。那时上、下埃及很可能存在冲突，但是在埃利潘蒂尼发现的封印可以证明佩里布森的王国延伸至第一大瀑布地区。他的名字后面经常跟着这样的描述——“异国土地的征服者（conqueror of foreign lands）”。

▶ **哈塞汉姆威（Khasekhemwy）**是一位武士国王，参与了针对国家北部的血战。有超过4.7万名敌军士兵在这场战役中死亡。这场战役促成了两个王国的统一。他的矩形方框将赫鲁斯和塞特放在了一起，这也许正暗示此时埃及回归到了宗教和政治统一的和谐局面。

古王朝时期

在古埃及的历史中，古王朝时期（公元前2686—前2181）是一个繁荣的黄金时代，它见证了首批墓葬纪念碑的建造。这些墓葬纪念碑现在被认为是埃及文明的瑰宝之一。

▲ 一座女性小雕像

这尊出土于阿布罗什的女性象牙小雕像展示出了古王朝初期雕刻艺术的进步。

哈塞汉姆威是第二王朝的最后一位统治者。他在混乱时期过后统一了埃及，并且为古王朝的建立奠定了基础。古王朝时期始于他的儿子萨那赫特（Sanakht，公元前2687—前2667年在位）和乔赛尔（Djoser，公元前2635—前2610年在位）。

金字塔时期的起始

在第三王朝时期的3位法老中，乔赛尔最为著名。他在孟菲斯建起的大墓地是皇族的墓葬场所。他还在萨卡拉建起了阶梯金字塔，这是历史上规模最大的石头工程。埃及经济的高速发展、农业收成的增加和规划良好的国家管理是金字塔得以建造的原因。

第四王朝始于斯尼夫鲁（Sneferu，公元前2613—前2589年在位）。法老的权力在这一时期达到了顶峰。这能够通过法老陵墓纪念碑的尺寸和宏大气势反映出来。斯尼夫鲁在梅杜姆（Meidum）和达舒尔（Dashur）建造了3座金字塔。他的儿子和继任者胡夫（Khufu，公元前2589—前2566年在位）在吉萨修建了大金字塔（the Great Pyramid）。胡夫的一个儿子迪耶迪夫拉（Djedefra，公元前2566—前2558年在位）在被哈夫拉（Khafra，公元前2558—前2532）谋杀前，杀害了他的兄弟并夺取了政权。迪耶迪夫拉在阿布罗什（Abu Roash）建造了自己的金字塔，但是哈夫拉继续在吉萨修建第二金字塔和狮身人面像斯芬克司。对于他的继任者门卡拉（Menkaura，公元前2532—前2503），我们知之甚少。我们只知道他在吉萨建造了第三金字塔。第四王朝的最后一位法老谢普塞斯卡弗（Shepseskaf，公元前2503—前2498年在位）选择安葬在位于萨卡拉和达舒尔间的一座石室古墓中。

在第五王朝时期，较小的金字塔建造起来了，同时由于拉斯太阳神教（cult of the sun god）日益流行，在埃及也建造了很多太阳神庙。第五王朝最后一位统治者尤那斯（Unas，公元前2375—前2345年在位）的金字塔是最早出现"金字塔文本"（Pyramid Texts）的金字塔。

第六王朝的创始者是特提（Teti，公元前2345—前2323年在位）。这一时期的金字塔和墓葬位于萨卡拉地区。第六王朝最为著名的统治者是佩皮一世（Pepy Ⅰ，公元前2321—前2287年在位）。他建造了几座神庙并娶了阿拜多斯一位高官的两个女儿。他的儿子们继承了他的王位。首先是由迈瑞拉（Merenra，公元前2287—前2278年在位）继承了王位，但只统治了几年，然后佩皮二世（公元前2278—前2184年在位）接掌政权，从古王朝时期的衰落至这一时期的最终结束，统治超过了90年。

赛帕，第三王朝的一位官员。他头戴一顶头盔状的卷曲假发，颇具古王朝时期的特点

► 赛帕（Sepa）和内塞特（Neset）雕像

这些石灰石雕像可以追溯到第三王朝时期（公元前2686—前2613），现存于巴黎卢浮宫博物馆。这些雕像是最为古老的私人雕像。雕像的面部雕刻精细，人物的静止姿势是古王朝初期雕刻品的典型风格。

◀ 皇宫正面装饰

古王朝时期的许多纪念碑，特别是石棺和墓葬都展示出了一种凹入嵌板的设计。这代表了皇室住所典型的正面形象。皇宫正面是一个经常与赫鲁斯联系起来的象形文字。国王通常被认为是赫鲁斯神的尘世化身。

内塞特是赛帕的妻子，她戴了一顶沉重的黑色假发，发尾超过了她的肩部。

内塞特和赛帕的下眼睑都用了又宽又黑的线进行强调。在日常生活中，埃及人经常用眼影粉或绿色的孔雀石粉在眼睛下部画线。

内塞特穿的是V形领亚麻长袍。

◀ 书吏

如图所示的书吏形象的雕塑现存于埃及开罗博物馆内。这种形象的雕塑是古王朝时期的典型雕塑。国家学术机构的官员们由于善于记录而专门负责管理国家财产。他们经常通过这种正式的方式刻画自己的形象。

▼ **迪耶迪夫拉的斯芬克司像**

法老迪耶迪夫拉的头部雕塑源自一座石英岩的斯芬克司雕像。这尊法老头部雕塑被发现于阿布罗什地区国王金字塔的一处船坑中。

► **伊姆霍特普（Imhotep）雕像**

伊姆霍特普是维齐尔（Vizier），也是乔赛尔的一位建筑监理。他在萨卡拉建造了阶梯金字塔。其子孙后代都对他顶礼膜拜，将他视作碑石建筑的始祖。他同时也是一位作家和技术娴熟的医生。

他的声誉流芳百世，到了这一时期的末期（公元前747—前332），他已被人们视作神，这对于一个并非皇室出身的人来说是非同寻常的。从这时开始就出现了很多对他进行刻画的小铜像，经常将他刻画成一位膝上摊着莎草纸的书吏。

古王朝时期（公元前 2686—前 2181）大事表

历史与社会

古王朝时期始于公元前 2686 年

◀ 乔赛尔墓葬群

古王朝的第二位法老乔赛尔在萨卡拉建造了第一座阶梯金字塔。这是位于首都孟菲斯最大的墓地。有证据显示，金字塔周围的纪念碑墓葬群是用石头打造的首都形象。这里有国王的宫殿。第一座纪念碑完全是由琢石建造的，其设计者是建筑师伊姆霍特普。

◀ 赫特弗瑞丝（Hetepheres）墓葬的装饰品

赫特弗瑞丝是第四王朝的缔造者斯尼夫鲁的妻子，是法老胡夫的母亲。胡夫在她的第一座墓葬被部分盗窃后将她重新安葬在位于吉萨的胡夫金字塔中。这些在吉萨发现并保存完好的墓葬装饰品，如这些手镯，证明了古王朝时期墓葬之壮观。

公元前 2686 年　　**公元前 2667 年**　　**公元前 2613 年**

第三王朝（公元前 2686—前 2613）

重要的法老

◀ 萨那赫特（Sanakht）（公元前2687—前2667年在位）是最后一位提尼泰国王哈塞汉姆威的儿子。他那未完成的墓葬纪念碑很可能在萨卡拉乔赛尔的阶梯金字塔西边。他的赫鲁斯式王衔的意思是“胜利的保护（victorious protection）”。

▶ 乔赛尔（Djoser）（公元前2635—前2610年在位）很可能是萨那赫特的兄弟，也是第三王朝最为重要的国王。他的建筑监理伊姆霍特普在一处宏伟的墓葬地为他建造了著名的阶梯金字塔。他的赫鲁斯式王衔奈杰里赫特（Netjerikhet）的意思是“具有神圣的身躯（with a godly body）”

公元前2613年

第三王朝结束　第四王朝开始

▶ **尼乌赛尔（Nyuserra）金字塔**

这座金字塔位于萨卡拉北部的阿布希尔（Abusir）地区。金字塔的外部只是用普通的石块建造。纪念碑内部是由质量较差的田石和碎石填满的。随着琢石被偷走，金字塔也很快倒塌。然而，这种偷工减料的建造方法从法老萨胡拉（公元前2487—前2475年在位）统治时期就开始了。

◀ **吉萨金字塔**

在位于现代开罗边上的吉萨高原上，第四王朝的国王们——胡夫、哈夫拉和门卡拉——建造了他们的金字塔。从建筑角度看，这些金字塔是埃及最宏伟的金字塔。它们完全是由琢石堆砌而成，直到今天还几乎完好无损。

公元前 2494 年 **公元前 2445 年**

第四王朝（公元前 2613—前 2494）

第四王朝结束 第五王朝开始 公元前2494年

▶ **斯尼夫鲁（Sneferu）**（公元前2613—前2589年在位）缔造了第四王朝。自那时起，他的出生名字就被一个名字徽框裱起。在找寻完美的墓葬形象过程中，斯尼夫鲁在梅杜姆和达舒尔建造了不下3座金字塔。他的名字的意思是“完美之物（the one made perfectly）”。

▶ **胡夫（Khufu）**（公元前2589—前2566年在位）是斯尼夫鲁的继承者，同时也是吉萨大金字塔的建造者。他名字的意思是“克奴姆神保护我（Khnum protects me）”。在他二十多年的统治中，他的权力不容挑战。在希腊，他被称作“可憎的暴君”，但胡夫是埃及最强大的法老之一。

▶ **哈夫拉（Khafra）**（公元前2558—前2532）是胡夫长子迪耶迪夫拉（公元前2566—前2558年在位）的兄弟和继任者。他在吉萨建造了第二座稍小的金字塔。他的赫鲁斯式王衔拉克哈伊夫（Rakhaef）的意思是“拉出现了（Ra appears）”。

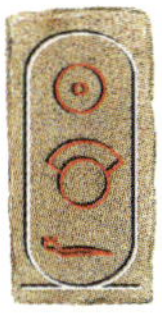

◀ **门卡拉（Menkaure）**（公元前2532—前2503）是哈夫拉的儿子及其继任者。他的名字意味着“永远保有拉的灵魂力量（forever remain the ka powers of Ra）”。

▶ **谢普塞斯卡弗（Shepseskaf）**（公元前2503—前2498年在位）是第四王朝的最后一位法老。出人意料的是他摒弃了将金字塔作为墓葬地点的想法，离开了吉萨高原，在萨卡拉南部建造了一座石室古墓。他名字的意思是“他的灵魂是崇高的（his ka is sublime）”。

◀ **古王朝时期的埃及**

古王朝时期的法老们最重要的目标之一就是孕育整个国家及发展城市规划。基于这个原因，大部分埃及人口都分布在尼罗河沿岸。

▲ **一尊女性木质雕塑**

古王朝时期私人艺术的特点是更鲜明的自然主义而非同一时期盛行的皇家雕塑。雕塑的风格在物质富足的情况下得到了多元发展，特别是以不同种类的石头雕塑的作品。正如这尊第五王朝时期的小型女性雕塑所示，木头也经常被用来制作雕像。

公元前 2345 年

第五王朝（公元前 2494—前 2345）

◀ **乌瑟卡夫（Userkaf）**（公元前2498—前2487 年在位）是第五王朝的缔造者。他将墓葬宗教从太阳神教中分离出来。在他统治时期内，他的头衔扩展到5个，加入了一个“王位名字”。乌瑟卡夫名字的意思是“他的灵魂是事实存在的（effective is his Ka）”。

◀ **萨胡拉（Sahura）**（公元前2487—前2475 年在位）是乌瑟卡夫的兄弟及其继任者。他的名字意味着“拉来到我身边（Ra comes to me）”。他位于阿布希尔的金字塔的核心由碎石而不是石块组成。首次到庞特的探险就发生在他的统治期内。

◀ **尼乌赛尔（Nyuserra）**（公元前2445—前2421 年在位）也在阿布希尔建造了自己的金字塔。在他统治期内，第一个太阳神殿建造在沙漠西角的阿布格拉布（Abu Gurab）地区，这是第五王朝时期保存最为完好的太阳神庙。他名字的意思是“权力属于拉（the power belongs to Ra）”。

◀ **尤那斯（Unas）**（公元前2375—前2345 年在位）是第五王朝的最后一位统治者。他在萨卡拉建造了一座小型金字塔，并首次在金字塔的内墙上刻入“金字塔文本”。

▶ 特提金字塔

为第六王朝缔造者修建的墓葬纪念碑位于萨卡拉南部地区。从建造技术和规模上来讲，这座金字塔与第五王朝时期的金字塔非常类似。但是，在第四王朝的传统中，整个建筑群的主金字塔周围还包含两位女王的墓葬金字塔。主金字塔中刻有的段落在“金字塔文本”中有记载。

◀ 卡尔（Qar）的石室古墓

卡尔及其家庭成员的雕像刻在其位于吉萨的地下葬室的岩石壁上。除了其他职务，卡尔还是佩皮一世墓葬宗教祭司，并负责胡夫和门卡拉金字塔。

公元前 2321 年 **公元前 2181 年**

第六王朝（公元前 2345—前 2181）

公元前2181年
第六王朝结束 古王朝时期结束

◀ **特提（Teti）**（公元前2345—前2323年在位）是第六王朝的缔造者，尽管他并非皇族出身。在他统治期间出现了多个很有影响力的维齐尔，其中包括梅汝卡（Mereruka）和卡扎莫尼（Kagemni）。特提在萨卡拉北部建造了他的金字塔群。

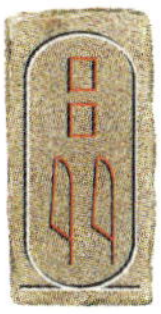

◀ **佩皮一世**（公元前2321—前2287年在位）是特提（Teti）的儿子。他发展了一套积极的对外政策，进行了几次直达亚洲的军事远征，并将利比亚绿洲地区纳为埃及的殖民地。他位于萨卡拉南部的金字塔群被称为梅利尔-蒙纳菲尔（Merire-Mennefer），也许孟菲斯地名就来源于此。

◀ **佩皮二世**（公元前2278—前2184年在位）是迈瑞拉（公元前2287—前2278在位）的弟弟及继任者。他的统治持续了约94年，在埃及历史上是统治时间最长的政权之一。随着他统治的结束，埃及的古王朝最终没落。他位于萨卡拉南部的小金字塔是这一时期最后一座金字塔。

古王朝时期（公元前2686—前2181）

胡夫，大金字塔的建造者

胡夫还有一个不为人所知的希腊名字——齐奥普斯（Cheops）。尽管他建造了吉萨地区的首座，同时也是3座金字塔中最大的一座金字塔，人们对他仍是知之甚少。现存有关他的唯一形象是出土于阿拜多斯一座神庙中的象牙小雕像。

胡夫（公元前2589—前2566年在位）是第四王朝时期的第二位法老。他是国王斯尼夫鲁（公元前2613—前2589年在位）和妻子赫特弗瑞丝的儿子。赫特弗瑞丝的父亲是第三王朝的最后一位国王。文献对于胡夫的记载有很大矛盾。希腊历史学家认为胡夫是一位暴君，但是在埃及，他通常被认为是一位贤明的君主。

胡夫的性格及其治理国家的方式在当今的文献记载中很难查到，但有证据表明他巩固了祖先创建的帝国，并且强化了祖先精心打造的政权。

▲ **胡夫封印**

法老封印上的名字徽框中包含了代表胡夫名字的象形文字（上右图示）。胡夫的名字Khufu是Khnum-khuefui的缩写，意思是“克奴姆神保护我”。

克奴姆是掌管尼罗河洪水的，有着山羊头、人身体的神灵，也是创造宇宙的诸神之一。

一个组织严密的统治机构确保法老的命令得到有力执行，并且确保国家资源获得有效利用。政府的关键职位，同时也是位列最高的神职都是由皇室成员担当。胡夫的两个儿子迪耶迪夫拉和哈夫拉在胡夫之后接掌了政权。

| 繁荣和后裔 |

在这一时期，埃及邻邦对埃及的繁荣做出了巨大的贡献。建筑急需的木头是从黎巴嫩进口的；西奈（Sinai）向埃及提供了铜和珍贵的绿宝石；努比亚（Nubia）向埃及提供了金子。而埃及对努比亚和利比亚（Libya）的突袭截获了大量的牲畜和战俘。

▼ **石块**

位于吉萨的大金字塔是由超过两百万块石块砌成的。每块石块至少重2.5吨。在修建大金字塔的23年中，也是胡夫统治的23年中，每5分钟就有一块石块被移动，这一浩大的工程才得以完成。

胡夫为了让他的统治名垂千古而修建了大金字塔。大金字塔在设计上就超过历史上所有的墓葬。皇室成员、政府官员们被安葬在大金字塔周围。胡夫的母亲、主要的妃嫔们和其他家庭成员被安葬在3座较小的金字塔和石室古墓中。

知识窗

胡夫驶向来世的船

1954年，一艘被认为是载着胡夫驶向来世的船在大金字塔的南端被发现。这艘船被发现存放于一处从岩石中凿出的洞穴中，被一块石板覆盖着。船体被分成1224个独立的部件，这些部件在出土后经过几年的时间被重新组装起来（下图所示）。在船体部件被发现的地点建造了一个博物馆。船体由雪松木、刺柏属丛木、松树建造而成；长43米（141英尺），宽5.9米（19.4英尺）。

胡夫
——第四王朝的第二位法老

▶ **胡夫像**

大金字塔建造者唯一存留的胡夫形象发现于阿拜多斯的亨提门修（Khentimentiu）神庙中，现存放在开罗的埃及博物馆内。这座象牙小雕像只有7.5厘米（3英寸）高，刻画了头戴下埃及红色王冠的法老登基的形象。法老右手握着连枷，左手放在膝盖上。腿边的王座上刻有他的名字。

▶ **最后的安息地**

胡夫金字塔的墓室由红色的花岗岩建造而成。石棺是由同样的材料制成，在建造过程中被安放在西墙上。法老下葬后，墓室的大门被三块厚石板封上了，作为墓室的活盖。

古王朝时期（公元前2686—前2181）

佩皮一世时期

第六王朝时期的埃及政权长期稳定，经济继续增长，殖民势力不断扩张，但是这一繁荣时期却是古王朝最后的大兴盛。

佩皮一世（公元前2321—前2287 年在位）是第六王朝缔造者特提和妻子伊苏特（Iput）的儿子。伊苏特的父亲是第五王朝最后一位统治者。特提于公元前2323年去世，而后埃及被一位名叫尤塞卡拉（Userkara）的身份不明人士统治。这个人可能是摄政王，或者更可能是篡位者。他统治埃及一年多后佩皮一世接掌了政权。

佩皮一世是一位积极的统治者。他向努比亚和中东派遣军事远征军和贸易探险队，并且推动建造了许多座纪念碑，包括位于阿拜多斯、布巴斯提斯、登

“佩皮，拉之子”

“佩皮（金字塔）是完美而永恒的”

◀ **直达孟菲斯**

佩皮一世的金字塔被称为蒙纳菲尔（Mennefer），意味着“坚固而美丽（established and beautiful）”。这个名字最初被用于命名金字塔所在的城邦，而后被用于命名附近的首都Ineb-hedj（“白墙”）。希腊人后来将这个名字希腊化，称为孟菲斯（Memphis）。

达拉和埃利潘蒂尼的神庙。然而，这些建筑都没能保存下来。埃及的经济在这一时期开始兴盛。埃及的繁荣得益于埃及同北部的毕勃劳斯（今黎巴嫩）和南部的庞特的贸易往来，还有在西奈发现的绿松石和铜、从努比亚带回的金子以及从哈林（Hatnub）和瓦迪哈马马特（Wadi Hammamat）采石场采集的方解石与杂砂岩所产生的财富。

► **铜制的法老像**

这座与真人等比例制作的佩皮一世铜像被埋在希拉康波利斯神庙侧面的一个小礼堂的地板下。这是在埃及发现的最古老的铜像。佩皮主持了西奈铜矿的开发。

▼ **省级权势**

埃及各省的地方官和省长们在第五王朝末期扩张了自己的势力，他们的官位此时转变为世袭官位。他们开始主张他们的权利，例如，坚持要求死后被埋葬在自己的领地而非首府。

◀ **外籍劳工**

在古王朝时期，农业生产得到发展，有时会出现劳动力短缺的现象。法老们会派遣突袭队去往努比亚——埃及人称此地为亚姆（Yam）——抓战俘回到埃及。他们中的绝大多数人被迫在三角洲地带定居耕作。努比亚人也作为外国雇佣兵参加法老的军队。

尽管佩皮一世取得了巨大成功，但仍有证据显示，佩皮统治时期也存在着内部政治倾轧的问题。一位名叫威尼（Weni）的三朝元老的墓葬传记揭露了一个后宫阴谋和一个想要夺取佩皮性命的企图。威尼曾辅佐过特提、佩皮及其儿子迈瑞拉。

▶ **儿子和继承人**

在希拉康波利斯发现的佩皮一世铜像内部还有一个小铜像。这两个铜像被埋葬时，它们是并排站在同一个底座上的。尽管第二个铜像上没有铭文，埃及古生物学者通常认为这是佩皮一世的儿子和继承人迈瑞拉的铜像，一个原因是小铜像的面部虽然与大铜像有相似之处，但却有很大不同。另一个原因是迈瑞拉的名字出现在了一块保存下来的底座碎片上。

▶ **沙漠前哨**

在第五王朝末期，埃及人在埃及西部沙漠中的达科拉（Dakhla）绿洲地区建立了一个殖民地。这是两条重要通路的交汇处，一条通往东部的尼罗河山谷，一条通往南部的努比亚。这个殖民地由法老钦点的长官管理，并在佩皮一世统治时期繁荣起来。

省长权力的增强

在佩皮一世统治的后期，他娶了两姐妹为妻。姐妹俩的名字都叫安克赫尼斯梅利拉（Ankhenesmerira），她们的父亲是一位省长，名叫辉（Khui）。他管理着以阿拜多斯为中心的一个省。随着省长的官位开始变为世袭制，一些省长开始聚敛权势和影响力，但极少有人比得上辉。两姐妹中的姐姐就是佩皮一世的继任者迈瑞拉的母亲。迈瑞拉很年轻就死去了，他的继任者是两姐妹中妹妹所生的还在襁褓中的婴孩，就是佩皮二世。辉的儿子杰奥（Djau）是两位法老统治时期的维齐尔。在佩皮二世的漫长统治中，古王朝开始逐渐衰落，最大原因就是国家的权力逐渐转移到省长们的手中。

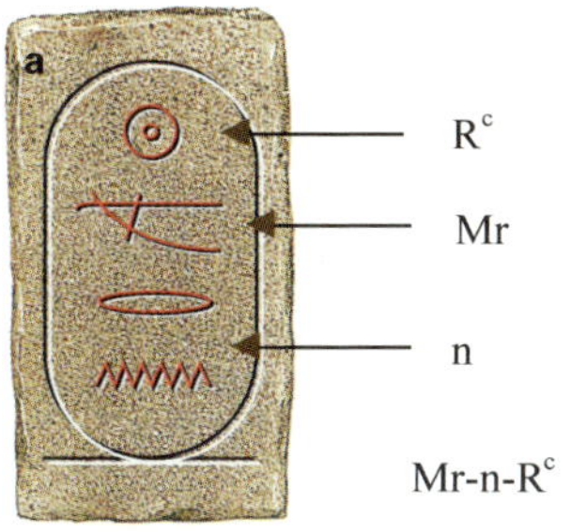

“拉的挚爱”

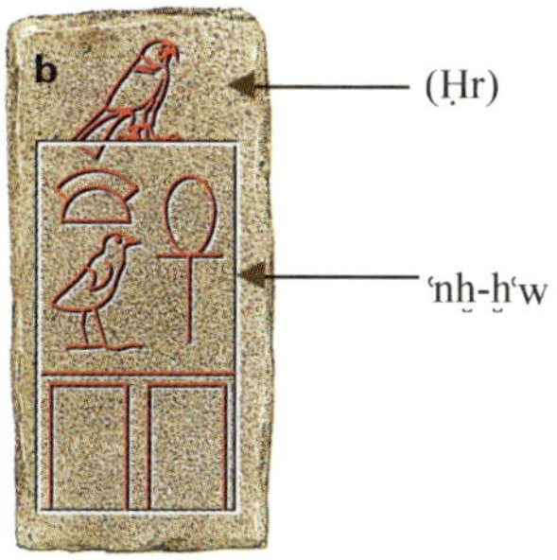

“赫鲁斯，显露的生命”

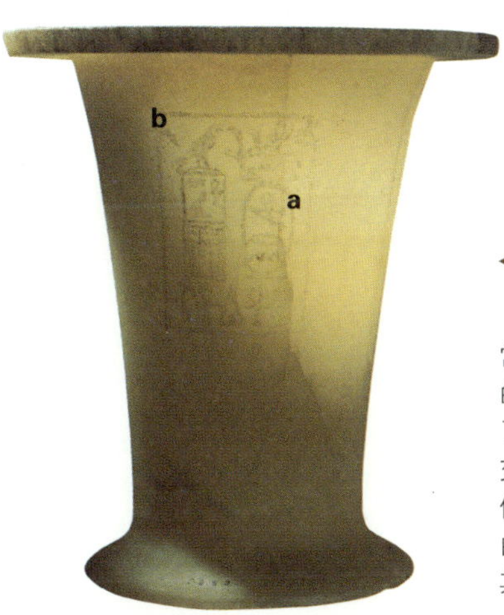

◀ **鲜为人知的法老**

迈瑞拉（“拉的挚爱”）的统治时期非常短暂。他在萨卡拉位于其父亲金字塔旁的金字塔没有完成，这说明他很年轻就死去了。他延续了其父在叙利亚–巴勒斯坦的外交政策，并且加强了埃及对努比亚的控制，但几乎没有留下任何纪念碑。左图所示的由雪花石膏制成的花瓶上有一个名字徽框，其中刻有他的皇室名字和他的一个头衔。

第一过渡时期（公元前2181—前2055）

第一过渡时期

随着古埃及政权的传统结构在古王朝时期（公元前2686—前2181）末期瓦解，埃及经历了一个政治经济不稳定的时期，没有一个中心人物领导这个国家。

在第六王朝（公元前2345—前2181）末期，埃及经历了社会和政治的衰落，起义弱化并分割了位于孟菲斯的中央政府权力。在一百多年的时间中，埃及因为持续的社会动荡、政治混乱和贝都因人的入侵而分崩离析。除了知道这一时期的省级权力得到加强外，我们对于这一时期知之甚少。从第五王朝（公元前2494—前2345）就开始实行世袭制的省长们在他们领地上的权力至高无上。

麻烦始于佩皮二世。他的高龄和漫长统治使他失去了对国家的控制。很多神庙都免于税赋而且各省的长官们也不再需要进贡。整个国家崩溃了。

居住在孟菲斯的法老们此时只是在名义上统治着埃及。他们的实际影响力由于三角洲地区的独立而被局限到一个非常小的区域。所有这些都导致了统治者的快速更迭。在第七和第八王朝的50年中出现了超过25位法老。

▶ **官员们**

到了第五王朝中期，所有高层官员都由国王亲自指定并直接受其控制。奖赏是非常丰厚的。普塔什普西斯（Ptahshepses，大约公元前2445—前2421 年在职）被赐予了这座位于阿布希尔的豪华的石室古墓。

▶ 君主的衰落

古王朝时期在胡夫、哈夫拉和门卡拉的统治下达到鼎盛时期。到了第六王朝时期，埃及政权随着法老们的没落而最终衰落。

▶ 省长们

从第五王朝开始，省长们获得了越来越大的权力，并且通过要求死后安葬在自己的领地而非皇家大墓地靠近法老安葬而宣告独立。

希拉康波利斯的省长们在北部接管政权，在公元前2160年缔造了第九和第十王朝，宣称对整个埃及行使主权。

但在底比斯发展了第二个权力基地，当地的贵族在公元前2125年创建了第十一王朝。两个权力基地都为自己冠以埃及最高统治者的头衔。自此，一场争夺最高统治权的战争持续了几十年。

国家重新统一

当希拉康波利斯人试图将移民从近东地区赶走，西班人（Theban）在因特夫（Intef）一世和二世统治时期开始从三角洲地区扩张疆土。他们国家的北部边界是提尼斯，艾斯尤特的省长们反对进一步的扩张，因为他们那时仍支持希拉康波利斯。最终曼图霍特普二世（Mentuhotep Ⅱ）（公元前2055—前2004年在位）开始征服下埃及地区，重新统一了这个国家并开创了中古时期。

▼ 希拉康波利斯

希拉康波利斯的地理位置很接近今天的贝尼苏夫（Beni Suef）。这个城邦当时是上埃及地区第二十省的首府。在第九和第十王朝时期，希拉康波利斯是拥有埃及王权的一支法老的权力中心。

▼ 努比亚雇佣兵

省长们建立了自己的军队，其中有很多努比亚雇佣兵。位于底比斯南部30千米（18英里）处的盖博拉（Gebelein）似乎曾有一个很大的努比亚殖民地。在附近的墓葬中发现了几块石板，上面刻画着头发卷曲、短缠腰布的努比亚人。他们的缠腰布上挂着绶带和武器。他们身旁一般都伴有他们最喜爱的动物、体形硕大而瘦弱的狗。图中这块石板属于一位名叫铁赫努（Tjehenu）的士兵。

石板上刻画的3位妇女是因特夫的妻子们

第一过渡时期的手工品和纪念碑的拙劣品质也反映在人物的比例上

石板上的象形文字列出了石板上人物的名字和头衔

▲ **因特夫猎人石板**

因特夫人负责为西班的因特夫二世和三世（公元前2063—前2055 年在位）储存并供给物资。这一职责在统一埃及的曼图霍特普二世时期结束。

第一过渡时期（公元前 2181 年—前 2055）大事表

历史与社会

第七、第八王朝和第一过渡时期开始于公元前 2181 年

▲ 安克提菲（Ankhtify）古墓

希拉康波利斯和艾得夫地区的一位省长安克提菲（大约公元前2160 年），是西班政权的反对者之一。

◀ 赫卡（Heka）和妻子赫米特（Hemet）石板

第一过渡时期在省级低层官员的古墓中唯一的浮雕装饰，是当地工匠制造的石灰石石板。

公元前 2170	2165	2160	2155	2150	2145	2140
第七和第八王朝			第九和第十王朝			

第一过渡时期的法老们

◀ 内弗尔卡拉（Neferkare）

在第七和第八王朝，有几位法老接续佩皮二世的王衔并在很短时期内相继统治了埃及。他们试图以这种方式延续古王朝时期的传统，并将他们的统治合法化。内弗尔卡拉这个名字出现在位于艾尔默阿拉（el-Mo'alla）的安克提菲古墓中，它的意思是“拉的灵魂是完美的（Perfect is the Ka of Ra）”。

▶ 曼图霍特普一世（Mentuhotep Ⅰ）

曼图霍特普一世是底比斯王朝的缔造者。他的出生名字意思是“门图神很满意（Montu is content）”。名字中没有附加法老头衔，只加了省长头衔。继承他王位的两位法老可能是他的儿子。

◀ 因特夫一世塞赫尔塔威（Intef Ⅰ Sehertawy）

因特夫一世塞赫尔塔威是西班的首位统治者。因特夫一世正式接受皇室头衔，以此来威胁埃拉克雷奥波利斯的统治者们。据当代文献记载，在他 12 年统治的末期战胜省长安克提菲后，因特夫一世统治了最南边从埃勒芬蒂尼到登达拉的 6 个省份。

◀ **凯提（Khety）石板**

只有在第九和第十王朝都城希拉康波利斯发现了几块石板和几扇假门，上面刻有当时一些官员的名字和头衔，发现于第一过渡时期严重损毁的大墓地中。

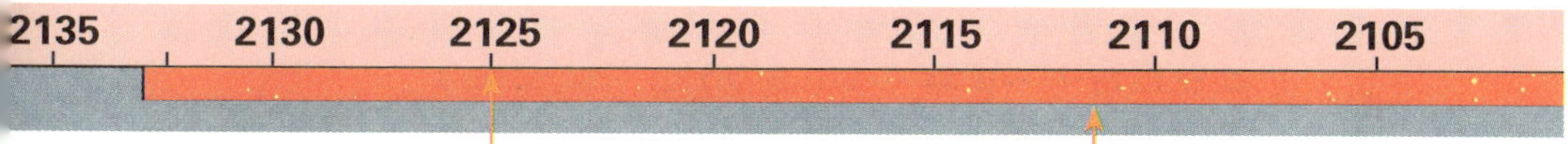

▶ **因特夫二世瓦汉克（Intef Ⅱ Wahankh）**

因特夫二世的赫鲁斯式王衔的意思是“拥有永恒的生命”。他的统治持续了50年。这个时期内，埃拉克雷奥波利斯发生了严重的冲突。因特夫二世通过征服提尼斯和阿拜多斯所在的上埃及第八省，而将西班的影响区域扩大到艾斯尤特地区。根据因特夫二世古墓石碑上的铭文所示，在他统治第50年时，北部边界在卡奥艾尔凯比尔（Qau el-Kebir）的上埃及第十省处。他的反对者包括艾斯尤特的省长们，他们是埃拉克雷奥波利斯政权的盟友。因特夫二世的古墓位于西班大墓地的北部，被称为萨夫古墓（saff tomb），因为它宏伟的正门处有一排柱子（在阿拉伯语中“萨夫”是“柱子”的意思）。

◀ 第一过渡时期的埃及

除了埃拉克雷奥波利斯和底比斯两个王国外还有一些独立的小城邦，至少当时是暂时独立。埃拉克雷奥波利斯人最信任的盟友就是艾斯尤特的省长们。

公元前 2100　2095　2090　2085　2080　2075　20

底比斯第十一王朝（公元前 2125—前 2055）

埃拉克雷奥波利斯第九和第十一王朝（公元前 2160—前 2055）

◀ 因特夫三世纳克特内特普涅弗（Intef III Nakhtnebtepnefer）

这是法老的赫鲁斯式王衔，意思是“正确行动的强大主人”。他只统治了8年。对于他和埃拉克雷奥波利斯统治者凯提五世的冲突历史上没有准确记载。

第九和第十王朝有记录的国王共有4位，他们执政的先后顺序不确定。

凯提五世瓦赫卡拉（Khety V Wahkara）

他是埃拉克雷奥波利斯最重要的国王，也是《梅利卡拉教义》（*Teachings for Merykara*）的作者。这本书是他写来指导他的儿子应如何当国王的。

◀ **棺木文本**

中央集权的倾覆导致了政治、社会和宗教事务的变化。原本皇室专有的棺木文本写在了每一个人的棺木上。这是一种来世的“民主化”。

◀ **提耶特吉（Tjetji）石碑**

提耶特吉是因特夫二世的财务官。他的石碑上写明了他在因特夫统治时期于埃勒芬蒂尼南边和提尼斯北边地区供职的时间。

在他统治期内出现了与西班政权的几年和平。而后他率领军队与控制三角洲地区的亚洲贝都因人进行交战，并将他们逐出埃及。从那时起又有了埃及与毕伯劳斯的贸易记载。凯提五世在东三角洲地区立起了一座所谓的“统治者之墙”来保卫边界。

凯提四世梅利伊布拉（Khety IV Meryibra）

关于这位法老的记载很少。他的王衔意思是“像拉一样有颗爱心”。他在第九和第十王朝国王中的地位还不太清楚。

梅利卡拉（Merykara）

这是埃拉克雷奥波利斯唯一一位正式法老的王衔。他的古墓金字塔据铭文所载，其意思是“像拉一样热爱卡的权力”。在他统治期间，由于西班政权的多次进攻，埃拉克雷奥波利斯开始不断发生摩擦。

曼图霍特普二世（Mentuhotep Ⅱ）

曼图霍特普二世成功打败埃拉克雷奥波利斯的统治者之后，重新统一了埃及，建立了中古时期。

第一过渡时期（公元前2181—前2055）

埃拉克雷奥波利斯

埃拉克雷奥波利斯位于上埃及地区。它在第一过渡时期（公元前2181—前2055）的政治动荡期间曾短暂地作为埃及的都城。

在古王朝时期（公元前2686—前2181）末期，法老的中央集权开始衰落，地方统治者获得权力。这个统一的国家被分割成许多小领地。约20年后，第九和第十王朝（公元前2160—前2055）的首位统治者凯提一世宣称对整个埃及拥有主权，并将政治中心从孟菲斯转移到埃拉克雷奥波利斯。

分割统治

第九和第十王朝的法老们统治埃及的时间很短。这段时间内，上埃及地区出现了抵抗运动。在曼图霍特普一世和他的儿子因特夫一世统治期内，西班人从埃拉克雷奥波利斯中分离出去并宣布独立。这导致了第十一王朝的建立和国家的分裂。曼图霍特普一世的3位继承人都名为因特夫，并且自认为是上、下埃及的合法统治者。然而，是曼图霍特普二世在公元前2055年将上、下埃及统一起来，缔造了中古时期。

◀ **赫利什夫（Heryshef）神**

传说埃拉克雷奥波利斯的创造者是一个头部为公羊头的神，其古埃及名字叫作赫利什夫（"湖上人"）。希腊人将他等同于他们的赫拉克勒斯（Herakles）神，并将这座城市命名为埃拉克雷奥波利斯。

现存的埃拉克雷奥波利斯遗址包括一座供奉赫利什夫神的神庙及一座神庙附近的第一过渡时期的大墓地。这个墓地也有古希腊—罗马时期（公元前332—公元395）的古墓。神庙建筑群包含一块神圣的湖泊。神庙在拉美西斯二世（公元前1279—前1213 年在位）时期得到了扩建，加了一个有很多花岗岩石柱的多柱式门厅和棕榈叶柱顶。

▲ **首府和行政区**

埃拉克雷奥波利斯是上埃及第二十省的首府。这个省的原名是纳赫特-赫恩特（naret-khentet），意思是“前面的naret（树）”，这棵树很可能属夹竹桃种。

▼ **巴哈于瑟夫**

埃拉克雷奥波利斯的古名字是赫纳-纳斯威（Henen-nesw），意思是“国王孩子的（家）”，这反映在这座城市现代名字伊赫纳斯亚艾尔梅地纳（Ihnasya el-Medina）中。它位于巴哈于瑟夫运河右岸肥沃的法尤姆绿洲地区。在整个埃及的历史中，它都是一个非常重要的宗教中心。

巴哈于瑟夫是一条通往淡水湖米瑞斯的运河

埃拉克雷奥波利斯位于法尤姆绿洲的南部

新的开始

埃拉克雷奥波利斯在第三过渡时期（公元前1069—前747）重新兴盛起来。

知识窗

城邦的历史

埃拉克雷奥波利斯的城市发展在第九和第十王朝时期（公元前2160—前2055）达到了鼎盛，这座古老的城邦在埃及历史中扮演着应有的角色。城邦之神赫利什夫的神庙在第十一王朝时期得到了扩建。

城邦的大墓葬在塞德蒙特附近，遗址据考古发现，年代为从第一过渡时期到葛雷哥–罗马时期。在孟菲斯发现的一块石板证明了第二十二王朝缔造者，法老舍松契一世（Sheshonq）（公元前945—前924年在位）来自埃拉克雷奥波利斯。同时在这一城邦遗址发现的很多纪念碑来自第三过渡时期。

后来，希腊人、罗马人和基督教埃及人定居于埃拉克雷奥波利斯。此地的考古挖掘出土了基督教雕塑、建筑元素和一两座建筑的断壁残垣。在这些考古挖掘中，还包括一个早期的基督教教堂（下图）地基。

◀ **沙巴提**

埃拉克雷奥波利斯沙巴提手持锄头，要在来世的土地上耕作。

► **曼图霍特普二世**

在埃拉克雷奥波利斯最后一位法老统治时期，曼图霍特普二世（公元前2055—前2004年在位）从底比斯向埃拉克雷奥波利斯和中埃及地区半独立的省长们发起了攻击。经过残酷的战争，埃拉克雷奥波利斯大墓地被彻底破坏，曼图霍特普二世以胜利者的姿态出现了。在公元前2055年左右，他完成了埃及的统一进程。

努比亚（约公元前5000—公元300）

努比亚和埃及

努比亚位于阿斯旺（Aswan）南部，盛产金、铜和非稀有宝石。另外，它还控制着通往非洲的贸易通路，对象牙、黑檀树和动物毛皮青睐有加。

和埃及相比，努比亚只是尼罗河沿岸一块很小的肥沃土地。但是，努比亚盛产矿物质，并且奢侈物品的贸易非常盛行。考古证据显示，埃及和努比亚早在前王朝时期就有了往来，但是在公元前3000年，埃及演化成一个中央集权的等级社会，此后的法老们都放眼于对南部土地的控制。

最初的突袭只是为了征集奴隶，但是到了古王朝时期（公元前2686—前2181），埃及在南部土地上建立了永久居住地来开采金、冶炼铜和闪长岩石。这些矿产中一些被用来修建胡夫和哈夫拉墓葬神庙中的雕像。

◀ **随葬品**

在古罗马人统治埃及的时候，努比亚被当地的国王所统治。这些国王死后，被埋葬在地下墓室中。墓室被一块土墩覆盖着，里面有很多随葬品。在这些古墓中发现了很多财宝，如这顶银质头饰，上面镶着经过雕琢的宝石。头饰上的蛇形标志、太阳圆盘和颇具特色的阿提夫王冠上的羽毛都显示出了埃及的影响力。

第一过渡时期（公元前2181—前2055）的动荡打断了两个国家的贸易往来。直到中古时期（公元前2055—前1650）局势稳定后，埃及重新获得权力，贸易往来才重新展开。在辛努塞尔特一世（Senusret Ⅰ，公元前1965—前1920年在位）和辛努塞尔特三世（公元前1874—前1855 年在位）的军事征战后，下努比亚地区被纳进来，并在此建立了一系列军事堡垒直至第二大瀑布地区。在新王朝时期（公元前1550—前1069），法老们将南部边界移到第四大瀑布地区，将努比亚分割成了两个行政区域。

▼ **努比亚人**

在埃及的壁画和浮雕上经常出现努比亚人。他们的特点是大鼻子、厚嘴唇、深肤色和非常有特色的发型，有时还戴有头饰。今天埃及南部和苏丹北部（前努比亚人的居住地）的人种仍有着同样的面部特征。

当法老的努比亚人

在新王朝末期，随着埃及的权力逐渐衰落，努比亚建立起了自己独立的王国。在公元前750年左右，努比亚人接过法老王冠，接掌了统治权，直到公元前664年亚述人的入侵。

◀ 埃及人和努比亚人并不总是在打仗。在中古时期，努比亚人还在埃及当过警察，并且曾是法老护卫队的成员。

然而，在艺术创作中，努比亚人经常被刻画成仆人。这个小雪花石膏雕像可追溯到新王朝时期。它刻画了一个肩上扛着大器皿的努比亚人形象。那个时候这种器皿最有可能用来盛放珍贵的油或香水。

▲ **一位努比亚法老**

塔哈尔卡（Taharqo，公元前690—前664年在位）是努比亚第二十五王朝时期的第三任法老。他从他的侄子沙比特卡（Shabitqo，公元前720—前690年在位）那里接续了埃及和努比亚的王位。在他26年的统治期间，他在卡纳克（Karnak）、卡瓦（Kawa）、阿布城（Medinet Habu）和萨纳姆（Sanam）神庙建筑群中修建纪念碑。公元前671年他被亚述入侵者驱逐出埃及，最终死在他的祖国努比亚。

征服努比亚

在新王朝时期（公元前1550—前1069），努比亚是很多军事袭击的目标。这最终导致了这个国家本土及至第四大瀑布地区都被占领了。下面这块浮雕来自霍伦海布（公元前1323—前1295年在位）位于萨卡拉大墓地的古墓，浮雕上刻画的是处置努比亚战俘的场景。

霍伦海布古墓的铭文描述了努比亚战争

一个埃及守兵在用一根棍子殴打战俘

埃及士兵在衣着和面部特征上都与努比亚人不同

圆形金耳环是刻画努比亚人时常见的饰品

努比亚士兵戴着有特点的头饰

一位书吏正忙着记录战俘人数

▶ **法老权力**

新王朝时期的埃及法老在努比亚建立了很多神庙。这个位于努比亚北部瓦迪塞伯阿（Wadies-Sebua）的神庙建于拉美西斯二世时期。哈克特·霍伊尤（Hector Horeau）19世纪创作了这幅画。

中古时期

在中古时期，法老文化达到了顶峰。几百年间，埃及地区在美术和文学方面都取得了很高成就，使这一时期成为埃及历史上的一段黄金时期。

第一过渡时期（公元前2181—前2055）结束于下埃及的埃拉克雷奥波利斯和上埃及的底比斯之间长达100年的战争。在公元前2055年，西班统治者曼图霍特普二世以战争胜利者的姿态出现了，他建立了一个新的统一的王国。

曼图霍特普二世在底比斯建造了宫廷，并且将很多杰出的官员和艺术家召集在身边。不久，埃及的文化和经济就繁荣了起来。今天，中古时期被看作是埃及历史上的繁盛期之一。

▼ **德尔巴利（Deir el-Bahri）的墓地**

中古时期的首位法老曼图霍特普二世安息在底比斯西岸地区。在那里他建造了一座非同寻常的有露台的墓葬群，后来被女王哈塞普苏效仿。

这一时期各地的统治者还保留着一些特权，这可以从贝尼哈桑（Beni Hasan）、梅尔（Meir）、艾芭夏（el-Bersha）和阿斯旺的岩石古墓出土物中看出。尽管如此，第十二王朝（公元前1985—前1795）的法老们还是想要重新建立起一个中央集权制的中古王朝。这个时候，主要的皇室居住地迁移到了法尤姆边上的伊特塔威（Itjtawy）。

贸易和占领

埃及与毕伯劳斯和爱琴海各岛屿间的贸易关系重新建立起来，同时在西部三角洲地带也建立起了防御工事，以阻挡亚洲人和贝都因人的进攻。在努比亚也建立起了防御堡垒，埃及文化也通过小神庙得到了广泛传播。大部分的神庙都供奉着赫鲁斯和克奴姆。

▶ 阿蒙神（Amun）的兴盛

底比斯从一个很小的省级城邦发展成为埃及最重要的城邦之一，并且由于这个原因，西班诸神的声望也提高了，其重要性超越了地区的范围。直到法老时代的末期，阿蒙仍是埃及诸神中位阶最高的神。

▼ 永恒处所

和古王朝时期的先辈们一样，中古时期的法老们被安葬于金字塔内。然而，由于这些金字塔在建造过程中没有像以前的金字塔那样得到很好的照料和重视，如今它们已经残破不堪。

▼ 战神门图

中古时期的法老们来自底比斯。艾尔曼特本地有猎鹰头的战神门图自中古时期起就在此受到朝拜。为了纪念门图，第十一王朝的4位统治者为自己起名为曼图霍特普，意思是“门图很满意”。在第十二王朝之初，门图的神圣地位被阿蒙所取代，但是辛努塞尔特三世仍在梅达姆德（Medamud）为门图建造了一座大神庙。

在铭文中，猎鹰头的门图神被称为“底比斯之神”

辛努塞尔特三世的名字和头衔写在了他头部上方。他站在一个双翅圆盘下面，正在向门图进贡

门图是艾尔曼特本地的神。雕像中他经常头戴一顶头饰，头饰上有一个太阳圆盘、两片直立的猎鹰羽毛和两个眼镜蛇化身的女神

中古时期（公元前2055—前1650）

南部的要塞

经历了第一过渡时期的困难，中古时期的法老们重新控制了下努比亚地区，将疆界延展到第二大瀑布地区，并在那里建造了一系列要塞。

自早期王朝时期起，埃及就在具有战略意义的敏感地区建立起了一个防御系统，来保护埃及的边境。防御系统包括堡垒、栅栏，还有边疆围墙来管理通往沙漠的路径。在三角洲地带，必须防御中东地区侵略者的入侵，如总是试图进入埃及的利比亚人。

▲ **板岩石板**

这块板岩石板的细节象征性表现了这个城市的毁灭，以猎鹰形象示人的法老正在用他的爪子拆卸城墙。

保护贸易

下努比亚的大瀑布地区建有很多堡垒。在中古时期，辛努塞尔特三世在这个地区建造了14个要塞，遍布在尼罗河沿岸的第一和第三大瀑布地区，要塞间隔不到60千米。这些坚固的堡垒凭恃于第二大瀑布地区定居点布罕（Buhen）地区的要塞，这个定居点是努比亚和苏丹之间的缓冲带，控制着两地之间唯一的商队通行路线。布罕成为这个地区的行政中心和南部埃及的权力中心。

要塞守军由强制征召的正规军和努比亚雇佣兵组成，但统帅却由埃及王子们或其他皇室成员组成。军营一般都与士兵家庭或埃及定居者的居住地相连，而行政建筑与各种宗教神庙连接在一起。

士兵的生活

士兵们要进行演习，接受每日训练，还要参加巡逻。他们负责监控商队的行动，保护附近的水井和绿洲，并对尼罗河上行驶的船只进行盘查。因此，这些要塞成为法老军事战役的基础，并且负责保卫奢侈物品的贸易如金、乌木、象牙、豹皮和鸵鸟羽毛运输通道的安全。

▶ **堡垒大门**

这个通往西底比斯的阿布城神庙的大门入口共有两个，为普通的要塞设计。大门上的浮雕记录了拉美西斯三世在叙利亚-巴勒斯坦地区的军事战役过程。

▼ **盖斯尔依布里（Qasr Ibrim）的连贯性**

在阿斯旺南部约240千米处有一座盖斯尔依布里坚固的城堡，位于现在的纳赛尔湖。这一地区在公元前1000年左右首次被占领，而后经历了连续的王朝，19世纪被奥斯曼帝国的波斯尼亚军队所占领。1838年，当戴维·罗伯茨（David Roberts）创作这幅水彩画时，它已经被荒置了。

▲ **布罕要塞**

自古王朝时期起，布罕就是一个非常重要的定居点，是努比亚采矿探险的战略基地。到了中古时期，这个地方被开发成一处坚固的要塞，墙高11米，厚5米。要塞内包括统治者的官邸、军营、行政及居住建筑和一座神庙。在第十八王朝时期（公元前1550—前1295），第二座神庙建于此处。两座神庙都躲过了洪水侵袭，而要塞却沉入了纳赛尔湖水之下。

中古时期（公元前2055—前1650）大事表

历史与社会

曼图霍特普二世于公元前2055年统一埃及，开启了历史上的中古时期

◀ **皇家墓葬器具**

在德尔巴利的曼图霍特普二世古墓中只发现了为数不多的墓葬器具。古时候这一时期的皇家古墓都遭到盗掠。

◀ **艺术**

在中古时期，埃及的艺术和文学达到了巅峰，这在古墓墙壁上的装饰和石棺上的绘画以及文学作品中都充分得到体现。

公元前2055年 | 公元前2004年 | 公元前1992年 | 公元前1985年

第十一王朝

法老

◀ **曼图霍特普二世（Mentuhotep II）**

曼图霍特普二世是第十一王朝的首位统治者。他在大约公元前2055年战胜埃拉克雷奥波利斯实现了埃及的统一。他被认为是中古时期的缔造者。统一埃及后，他马上启动了对努比亚和巴勒斯坦的军事打击。他统治时期所建造的建筑有在托德的门图神庙、在登达拉的哈索尔神殿、在阿拜多斯的欧西里斯神殿和在尼罗河埃勒芬蒂尼岛上的萨泰特（Satet）神殿。在德尔巴利的曼图霍特普二世墓葬神庙的古墓中有精心装饰的小神殿和他6位妾室的石棺。他名字的意思是“门图很满意”。

▼ **曼图霍特普三世（Mentuhotep III）**

在曼图霍特普三世统治时期，桑哈拉（Sankhkara，“让拉的灵魂生存的人”）命令官员西奈努（Henenu）率领由3000人组成的探险队沿瓦迪哈马马特到达红海，再从红海到达庞特。他和他父亲的古墓都在德尔巴利。

◀ 中古时期的埃及

在南北方内战结束后，第十一王朝的法老将埃及的政治中心转移到他的家乡底比斯。在第十二王朝的最初期，他们回到了北部，将法尤姆绿洲旁的伊特塔威作为居住地。

▲ 卡纳克“白色小礼堂”中的浮雕

中古时期最重要的艺术品之一就是辛努塞尔特一世统治时期位于卡纳克神庙处的“白色小礼堂”。这座小礼堂在古代被摧毁，12世纪得到了重建。

公元前1965年

◀ 曼图霍特普四世（Mentuhotep IV）

曼图霍特普四世是第十一王朝的最后一位法老，名叫奈布塔维拉（Nebtawyra）。不过这个名字只在瓦迪哈马马特岩石铭文上有记载。维齐尔阿蒙涅姆赫特（Amenemhat）率领的探险队被派到瓦迪哈马马特为法老石棺搜集材料，但没有发现奈布塔维拉古墓。他名字的意思是“拉是两国的君主”。

◀ 阿蒙涅姆赫特一世（Amenemhat I）

这位第十二王朝缔造者的出生名字的意思是“阿蒙在头脑中”。阿蒙涅姆赫特一世也许和曼图霍特普三世时期的那位维齐尔是一个人。他将皇室住地从底比斯转移到了伊特塔威，并且重新组织了埃及的管理部门。他所修建的一些建筑集中在三角洲地区。他可能是被暗杀的，死后被葬在艾尔利施特（el-Lisht）附近的金字塔内。

▶ 辛努塞尔特一世（Senusret I）

辛努塞尔特一世被阿蒙涅姆赫特一世任命为联合摄政王。正如《辛努海的故事》（*The Tale of Senuhe*）中所述，他在攻打利比亚时得知了父亲的死讯。在他长期的统治期内，他特别关注法尤姆绿洲地区的发展。他建造并扩建了很多神庙和纪念碑，其中包括在卡纳克的“白色小礼堂”。他还通过建立许多要塞保护了在努比亚征服的疆土。他的古墓位于艾尔利施特。

◀ 公主的财宝

尽管皇家墓地采取了很多预防措施，但是皇家古墓还是遭到了劫掠。有少数古墓的墓葬器具被完好保存了下来，其中包括在达舒尔的辛努塞尔特二世的妻子赫纳米特纳弗尔赫迪耶特（Khnemetneferhedjet，公元前1908—前1878）的石室古墓。

▶ 总督的墓葬

在贝尼哈桑的古墓规模显示了尽管第十二王朝的法老们极力遏制省长们的权力，但他们还是被允许保留了大量财富。

公元前1922年　公元前1880年　公元前1874年　公元前1855年

第十二王朝

阿蒙涅姆赫特二世（Amenemhat II）

对于阿蒙涅姆赫特二世44年的统治我们几乎一无所知，只知道他曾率军攻打叙利亚，俘获1500名战俘，并将他们带回了埃及。他曾派遣过一些贸易使团出访。他的金字塔外部由石灰石建造，位于达舒尔。

辛努塞尔特二世（Senusret II）

这位法老拓展了与叙利亚的商贸往来。这一点在贝尼哈桑德一位总督古墓中对于一队商队的刻画中可以看出。位于艾尔拉罕的金字塔旁边的大城曾是他的居住地。

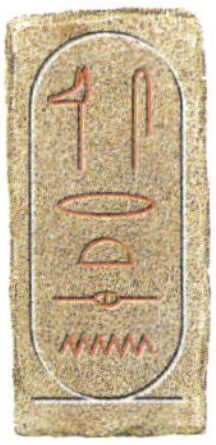

辛努塞尔特三世（Senusret III）

辛努塞尔特三世也许是第十二王朝最为重要，也最为人所知的一位法老。他废黜了省长官位世袭制，并派遣部队4次攻打努比亚。这使得他能够将埃及的南部边界设立在第二大瀑布地区的塞姆纳（Semna）。他位于达舒尔的金字塔遭到了严重破坏。

▲ 辛努塞尔特三世（Senusret III）

辛努塞尔特三世调整了国内事务，并将埃及南部边界回防至第二大瀑布地区。

▲ 阿蒙涅姆赫特三世（Amenemhat III）

除了加强与毕伯劳斯和克利特岛的经济联系，这位法老还着重开采了西奈的矿产资源。

公元前1808年　公元前1799年　公元前1795年

◀ 阿蒙涅姆赫特三世（Amenemhat III）

古典作家们对阿蒙涅姆赫特三世都非常熟悉，这是由于他在哈瓦拉的著名墓葬神庙“迷宫（Labyrinth）”。在他长达50年的统治中，他的主要政绩是促进了法尤姆地区经济和政治的发展。他在当地建造了几座神庙，神庙中有很多精美的雕像。铭文指出他曾多次派遣探险队到斯奈、瓦迪哈马马特和努比亚的采石场。

◀ 阿蒙涅姆赫特四世（Amenemhat IV）

这位统治者王衔的意思是“拉是公正的”。他鼓励与毕伯劳斯的贸易往来。在当地发现了几个写有他名字的手工艺品。他可能被埋葬在达舒尔附近的马茨胡纳。

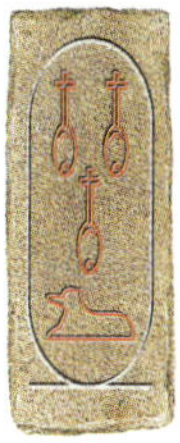

► 塞贝克诺弗鲁（Sobekneferu）

中古时期的最后一位统治者是位女性——塞贝克诺弗鲁，名字的意思是“塞贝克的美”。她是阿蒙涅姆赫特三世和阿蒙涅姆赫特四世的妻子所生的一个女儿。在阿蒙涅姆赫特四世死后，塞贝克诺弗鲁乘机获得只有男性才有资格获得的法老头衔。在她之后只有哈塞普苏和陶斯瑞特（Tausret）两位女王获得法老头衔。

塞贝克诺弗鲁死后，第十三和第十四王朝其后的君主都是短命统治者。第二过渡时期从公元前1650年开始。

中古时期（公元前2055—前1650）

曼图霍特普二世

曼图霍特普二世在政治动乱的第一过渡时期后统一了埃及的两部分。他的统治开始于中古时期。

当西班第十一王朝的曼图霍特普二世（公元前2055—前2004年在位）接掌王位，他所统治的疆土从第一大瀑布地区延伸到艾斯尤特地区。最后一场战役决定了埃拉克雷奥波利斯第十二王朝的最终衰败，而后，曼图霍特普二世宣布成为统一后的埃及法老。然而，又过了几年，埃及才完全进入和平时期。

▲ **战神门图**

法老和古老的西班战神之间有着很紧密的关系。曼图霍特普二世的出生名字是战神门图的名字，意思是“门图很满意”。

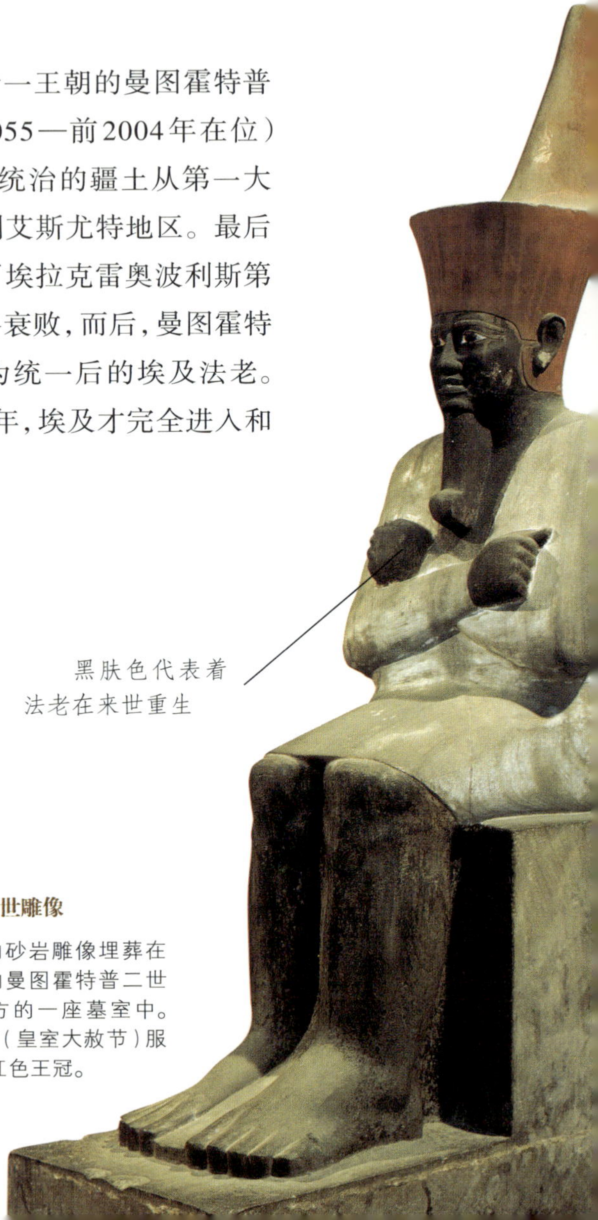

黑肤色代表着法老在来世重生

► **曼图霍特普二世雕像**

这座着色的砂岩雕像埋葬在位于德尔巴利的曼图霍特普二世墓葬群露台下方的一座墓室中。法老穿着赛德节（皇室大赦节）服饰，头戴下埃及红色王冠。

这些变化用了30年的时间才完全实现。9年之后，曼图霍特普二世为自己起了一个新的赫鲁斯式王衔，意思是“为两片土地带来和平之人”。这位法老在积极地重建纪念碑的同时开始了大型的建筑项目，其中包括在德尔巴利的悬崖港湾处修建一座中古时期风格不同寻常的墓葬群，建筑群是有露台的。他在上埃及地区更为活跃，这通过他在登达拉、阿拜多斯、埃尔卡布和埃勒芬蒂尼的纪念碑就可以看出。他还建造了供奉战神门图的神庙。门图在那个时候是底比斯的主要神灵。这些神庙分别建在梅达姆德、艾尔曼特和托德。

外交政策

曼图霍特普二世重新采取了外交政策来保护埃及的边界。他率领军队与利比亚人和西奈贝都因人进行战斗，重新获得了对于努比亚的控制。在德尔巴利发现了60个古埃及士兵的古墓。他们可能是在和努比亚人的战斗中阵亡的，或者死于对埃拉克雷奥波利斯城邦的首次进攻。当曼图霍特普二世去世时，他留给他儿子曼图霍特普三世的是一个繁荣稳定的国家。底比斯成为主要的政治中心。底比斯之前并不为人所知的神灵阿蒙的地位也得到了提升，成为整个国家崇敬的神。

▲ **国家的统一**

埃拉克雷奥波利斯衰落后，曼图霍特普二世最终完成了他的目标——统一埃及。这块浮雕表现出两位尼罗河神将纸莎草植物（下埃及）和莲花（上埃及）缠绕在象征统一的sema-tawi周围。在曼图霍特普二世统治末期，他将sema-tawi当作自己的赫鲁斯式王衔。

▼ **努比亚政治**

曼图霍特普二世统治期内的一个重要目标就是控制努比亚，进而控制当地的金矿和通往撒哈拉以南非洲的贸易通路。尽管曼图霍特普二世的统治疆土远至第二大瀑布地区，努比亚仍然坚守着它在第一过渡时期的混乱中所获得的独立。

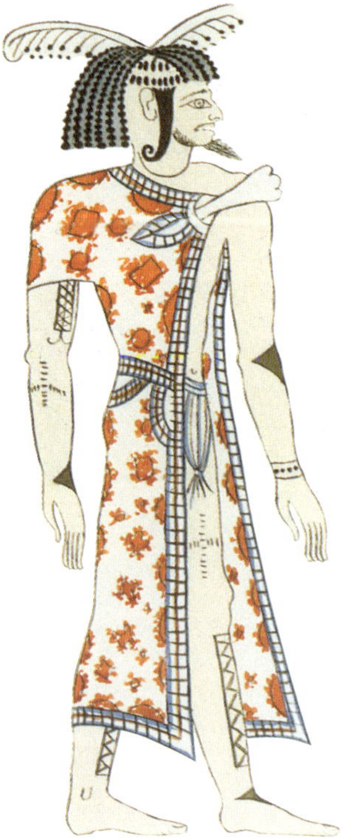

▶ **维齐尔官位**

曼图霍特普二世将政权集中的底比斯，以及努比亚分给他的维齐尔凯提。他的维齐尔梅努（Meru）负责对东部沙漠和绿洲的控制。

◀ **利比亚人**

在三角洲地带的西奈和西亚针对贝都因的军事远征结束后，曼图霍特普二世将他的注意力转移到了西边的利比亚人。他们以头发中插着两根羽毛和他们独特的着装而闻名。

▼ **达科拉绿洲**

在曼图霍特普二世登上王位后，难民逃往远处的绿洲地带，特别是逃往西部沙漠的达科拉地区，引发了其对这一地区的几次军事远征。后来，由于绿洲地区肥沃的土地对于国家的经济非常重要，同时对于保卫埃及免受利比亚人的袭击具有战略意义，这片疆土被划归到“埃及的保护之下”。

辛努塞尔特一世
——一个有个性的人

辛努塞尔特一世最初作为其父亲的摄政王之一管理国家，他统治了埃及45年。他建立了稳定的政治局面，通过贸易和征服扩展了埃及的疆土。他建造了宏伟的纪念碑，并鼓励艺术和文学的发展。

当年轻的辛努塞尔特王子从利比亚军事战争中归来，得知他的父亲阿蒙涅姆赫特一世（公元前1985—前1955年在位）一直是宫廷阴谋的受害者并遭到了谋杀。由于从10岁开始，辛努塞尔特就作为其父亲的摄政王治理国家，因此辛努塞尔特继承了王位。

受到这些事件的启发，出现了埃及文学中最受欢迎的故事之一——《辛努海的故事》。这本书讲述了一位宫廷雇佣者的生活。这位雇佣者经历了一系列的考验和磨难后仍然忠诚于国王。这本质上是一个为宣传用的故事，其目的是强化辛努塞尔特的父亲所创建的第十二王朝的合法性。

辛努塞尔特一世戴着上埃及地区的白色王冠，手持一根长手杖或王杖，它象征着权力

▶ 上、下埃及的国王

在辛努塞尔特位于艾尔利施特的墓葬群附近有一些高官的古墓，其中一座是赫里奥波利斯的著名建筑师和祭司伊姆霍特普的古墓。在这座古墓中发现两座辛努塞尔特一世的着色雕像。其中一座雕像，辛努塞尔特头戴下埃及地区的红色王冠。另一座雕像头戴着上埃及地区的白色王冠，这座雕像现存放在开罗的埃及博物馆内。

辛努塞尔特继续着阿蒙涅姆赫特一世的征服之旅。在努比亚，他将其控制地区延伸到第三大瀑布地区，大概位于今天的苏丹地区。他强固了埃及的要塞，并将防卫一直延伸到以比亚海岸地区。他与叙利亚–巴勒斯坦进行了富有成果的贸易往来，并且在他的疆域内开采了金矿和采石场。

伊特塔威在辛努塞尔特统治时期继续成为国家的首府。这座城邦位于法尤姆绿洲地区，离今天的艾尔利施特不远。法老在艾尔利施特建造了自己的金字塔群。他还建造了一系列新建筑，并且整修了一些旧建筑，运用从采石场采集的石头建造了很多装饰神庙的雕像和纪念碑。

▲ **出生姓名名字徽框**

只有法老的出生姓名和王位名称才能够刻在名字徽框中。辛努塞尔特是法老的出生姓名，其意思是“女神沃斯赫特（Wosret）的男人”。

▼ **金字塔遗址**

中古时期的金字塔建造过程不像古王朝时期那么用心。这些金字塔无法抵御岁月的侵蚀。金字塔的内部结构由泥砖垒砌成，暴露在外面不久便风化了。与此同时，上升的地下水淹没了墓室，使地基下沉。

建造者和赞助者

尽管辛努塞尔特一世参与了位于卡纳克的阿蒙–拉神庙的扩建工程，但是几乎没有证据证明他就是建造者。他还整修了赫里奥波利斯的太阳神拉的神殿。这一神殿现存的只有一座高20米的方尖石塔。辛努塞尔特还鼓励作家创作出经典巨制，如《辛努海的故事》《阿蒙涅姆赫特一世教诲》（*The Instruction of Amenemhat I*）和《忠诚者教诲》（*The Loyalist's Instruction*）。他在死前让他的儿子，未来的阿蒙涅姆赫特二世摄政了4年。

坐着的法老

辛努塞尔特一世位于艾尔利施特的墓葬群，包括一座高61米的石灰石金字塔，周围伴有国王女性亲属的9个小金字塔、一座卫星金字塔和一座供奉皇室宗教的神庙。在墓葬神庙的东北处一个沟中，发现了10个与真人尺寸一模一样但没有完成的法老坐像。

▼ **白色小礼堂**

1922年，当位于卡纳克的阿蒙神庙的第三座塔门为了进行整修而必须被拆除时，法国建筑师毛瑞斯·皮雷特（Maurice Pillet）发现这座白色礼堂的装饰石块其实是这座神庙的基础。

这座小礼堂建于辛努塞尔特一世统治时期，现在仍保存完好。白色的石灰石石块被保存得尤为完好，因此才可能进行修复。最初，这座礼堂作为游行路线上的一个遮蔽所，为阿蒙神提供一个暂时的圣坛。

中古时期（公元前2055—前1650）

辛努塞尔特三世

辛努塞尔特三世（公元前1874—前1855年在位）是一位卓越的将领、智慧的管理者和积极的建造者。他是中古时期最为成功的法老之一。他在位19年间，埃及获得了无可比拟的繁荣，边界安全，政府实行了改革。

辛努塞尔特三世在位期间进行了4次军事战役，在这些战役中，他征服了直达尼罗河第二大瀑布的下努比亚地区。这一地区自古王朝时期就由埃及人控制，成为埃及重要的组成部分。为了保护他的领地免受苏丹的侵袭，法老建造了一个强大的防御体系，其中包括8个防御城堡，竖立在尼罗河两岸，覆盖了第二大瀑布附近的布罕和塞姆纳。

▼达舒尔金字塔

辛努塞尔特三世的金字塔由粗砖石砌成，最初覆盖着石灰石，位于孟菲斯大墓葬地南端。一个花岗岩石棺于1894年被发现，但是没有证据表明法老被安葬于此。然而在金字塔内的其他墓室中发现的随葬财宝是属于皇室妇女的。

在塞姆纳发现的一块石板上，辛努塞尔特三世宣布他已将国家的南部边界确定于第二大瀑布地区，因此只有带着和平意愿的努比亚人才能够穿越这一边界。

对付省长

在国内，辛努塞尔特三世面临着一个严峻的问题，就是如何削弱省长们的权力。这些省长们的职位自从古王朝末期就一直是世袭的，以至于这些省长们的财富权力堪比法老。法老采取了理智的措施，对地区政权进行了广泛改革。

某些地区统治者们已经拥有了自己的军队，这对于皇权是一个永久性的威胁。为了铲除这一危害，辛努塞尔特三世废除了给予这些省长权力的省级区划，建立了一个地区政府的新模式。

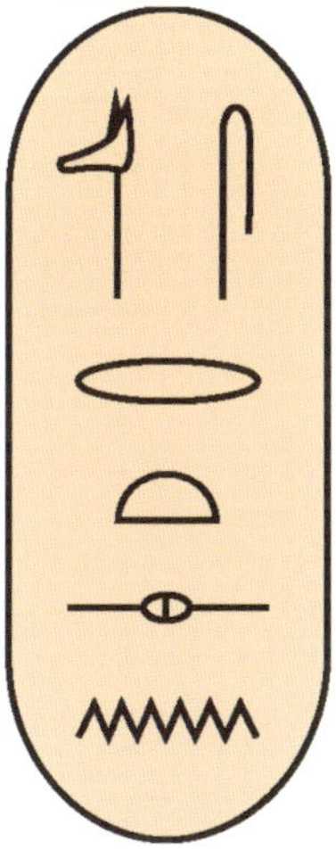

▲ 辛努塞尔特，"女神尤瑟赫特（Useret）的男人"

辛努塞尔特三世的出生姓名的意思是"女神尤瑟赫特的男人"或"强大女神的男人"。它将国家的主权置于这位西班女神的保护之下。这位女神经常被刻画成身背弓箭。然而她在古埃及的万神殿中只是属于第二等级的神灵。

▶ 辛努塞尔特三世头像

这尊辛努塞尔特三世的头像于1970年被发现于卡纳克第六塔门前。他的胡须被刻画成欧西里斯神模样或者常身着塞德节（皇室大赦节）服饰。

驻扎在防御城堡内守军的任务是驱逐敌对部族。为了促进努比亚和埃及的交通，并使得船只能够避开第一大瀑布的急流，辛努塞尔特三世在古王朝末期扩大了第一大瀑布周围的瑟赫尔（Sehel）运河。

在埃及北部，国王的军事活动范围并不大，只是局限于控制边界或亲自率军远征巴勒斯坦。辛努塞尔特三世夺取了巴勒斯坦城邦赛克麽姆（Sekmem），但却没有将征服进行到底。

知识窗

梅赫赫特（Mereret）胸饰

1895年，雅克·德摩根（Jacque de Morgan）在辛努塞尔特三世金字塔背面的地下走廊发现了两件珍品。这座金字塔是为了皇室家族的女性石棺而建造的。这两件珍品属于席特–哈索尔（Sit-Hathor）和梅赫赫特，她们分别是国王的妹妹和妻子。在梅赫赫特的首饰中有一个由黄金、红玉髓和天青石制成的胸饰。上面刻画的图案是化身为狮身鹫首的怪兽的辛努塞尔特三世将一个努比亚敌人踩在脚下并殴打一名利比亚人。中间是女神奈库贝特（Nekhbet）的尘世化身，一只秃鹫盘旋在国王的名字徽框上方。整个图案由莲花状的外框框起。

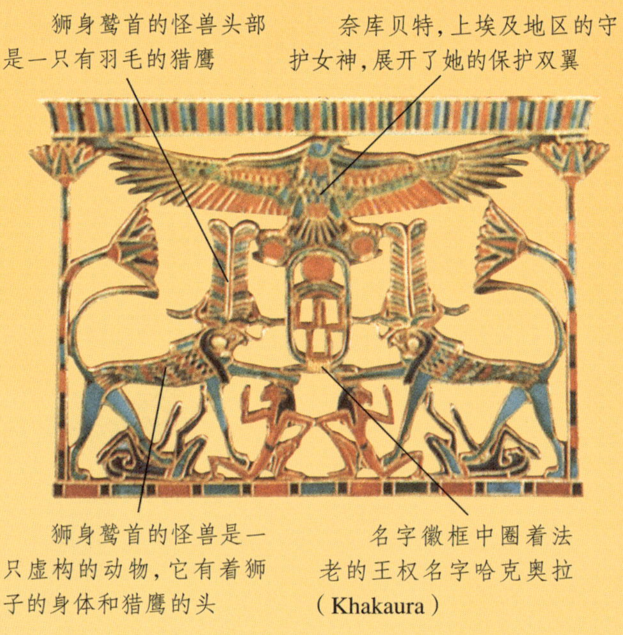

与东方的贸易

埃及在近东地区没有帝制计划，而辛努塞尔特三世喜欢与地中海东部发展近邻的关系。埃及与叙利亚–巴勒斯坦发展贸易，并自此被分成美索不达米亚和安纳托利亚。埃及还和克里特岛进行贸易。在克里特岛上发现的陶器能够证明这一点。

▼ **年轻的辛努塞尔特三世**

闪长岩雕像发现于梅达姆德的门图神庙，表现了头戴内梅斯头饰的年轻辛努塞尔特三世的形象。

▼ **中年辛努塞尔特三世**

在其雕像中，辛努塞尔特三世结束了将已存在的肖像理想化的传统，引入了现实主义的元素。在卡纳克发现的粉色花岗岩头像表现出了一位成熟统治者的特征。

▼ **年老的辛努塞尔特三世**

这座雕像表现的是年老的辛努塞尔特三世的形象。他的脸部线条较深，眼睛下垂。国王年轻和年老时的雕像现存放在巴黎卢浮宫内。这两座雕像其实是在同一时间刻制的。这些肖像的背后究竟有何缘由呢？一些人认为这表示了太阳运行的周期——老年意味着晚上，青年意味着早晨，中年意味着中午。还有人认为这些雕像表达了一个新的王权观念，长期掌权被认为是最理想的。

法老将埃及分成3个地区：下埃及、上埃及和埃勒芬蒂尼。此外还有北努比亚。每个地区都由一位类似于首相的维齐尔来管理，他手下还有一些部长和官员们为他效力。这种激进改革的最直接好处是大幅度削弱了贵族和效力于政权的中产阶级的权力。

和大部分法老一样，辛努塞尔特三世还是一位伟大的建造者。他在梅达姆德建造了一座神庙来供奉战神门图，同时还管理着位于卡纳克的阿蒙神庙和位于阿拜多斯的欧西里斯神庙。他为自己在萨卡拉南边的达舒尔建造了一座金字塔。他还在死神欧西里斯的圣城阿拜多斯建造了一个衣冠冢（一座象征性的空置的皇家古墓）。

▼ 埃及的敌人

埃及人在南部第二大瀑布地区捍卫国家的边界，抗击从克尔玛（Kerma）王国而来的努比亚人的侵袭。克尔玛的中心位于第三大瀑布附近。在北部，辛努塞尔特三世注意着贝都因人的一举一动，以防他们渗透进入三角洲地区。

祭司们使用的次级大门通往神庙内部

中间柱子的顶部被雕刻成开放的纸莎草造型，侧部柱子的顶部被雕刻成待放的花蕾

柱状物由多个圆柱形石块砌成，而不是独块巨石

▶ **布罕的堡垒**

尽管在布罕已经存在定居点，但是在位于尼罗河的第二大瀑布附近，辛努塞尔特三世将其转变为一个巨大而威严的军事要塞来控制这一地区向东直到第二大瀑布的地区。这幅图展示了要塞堡垒的一部分泥砖城墙。

◀ **梅达姆德神庙**

位于梅达姆德的神庙是辛努塞尔特三世为供奉门图而建造的。它在新王朝时期获得修缮，并在托勒密王朝再次被翻修。然而这座神庙经不起时间的侵蚀，正如这幅由苏格兰艺术家和旅行家戴维·罗伯茨（David Roberts）于19世纪绘制的画所显示的那样。作者用水彩画忠诚地记录了很多古埃及纪念碑。

知识窗

神奇的小雕像

埃及人为了用魔法摧毁敌人而制造了很多战俘的小雕像。这些雕像中，战俘们的手都被绑在了背后。在这些小雕像的身上刻有一系列王子和国家的名字，如果他们叛变，这些雕像就会被摧毁。图中所示的小雕像（右图展示了雕像的正面和背面）可追溯到公元前2000年左右。

努比亚和叙利亚—巴勒斯坦的不同地区都盛行这种仪式。这些埋藏在地下的小雕像是一种防御敌人的神奇保护系统，而防御城堡是实体性的保护系统。在很多花瓶上也能发现这种铭文，而这些花瓶在仪式上待符咒念出后就被打碎了。

在位于米尔吉萨（Mirgissa）地区的努比亚要塞出土了很多花瓶碎片和雕像。这个要塞是辛努塞尔特三世所建造的。有些物品被扔到了井里，在它们旁边还发现了一个人头骨和一块燧石刀片。看起来这样一种神奇的仪式还包含了殉葬的人类。

▼ 战神门图

由于底比斯王子们统一了埃及，重新在中古时期中期赋予法老们权力，门图成为这个国家最重要的神灵之一。在底比斯内部和周边的4个地方建造了4座供奉他的神庙。这4个地方分别是梅达姆德（下图）、托德、艾尔曼特和卡纳克。这4座神庙形成了一个防御系统，为供奉阿蒙的卡纳克神庙提供神奇的保护。

第二过渡时期

随着中古时期的衰落，很多西亚人在三角洲地区建立了定居点并开始了对埃及的异族统治。这在埃及历史上被称作第二过渡时期。

女王塞贝克诺弗鲁（公元前1799—前1795 年在位）死后，中古时期进入了一个长期的衰落期。第十三王朝共有约70位统治者，每人只统治了几年。皇室住地仍在伊特塔威。边界控制的放松使很多西亚人进入三角洲地区定居。到了十三王朝后期，东三角洲摆脱了衰落的中央政府的控制，受第十四王朝（公元前1750—前1650）的小国王们的统治。

在公元前1650年左右，三角洲地区的统治者、被古埃及人称为“异族土地的统治者”的国王们夺取了政权，这些人后来被希腊人称为西克索人（Hyksos）。他们在三角洲地区建立了阿瓦利斯作为行政中心。大约在同一时期，第十三王朝的统治者们抛弃了伊特塔威，撤退到南部，在底比斯建立了新的都城。第二过渡时期自此开始。但是考古资料没有确认每一任统治者具体的统治时间。

西克索人将他们的领地从阿瓦利斯最终延伸到孟菲斯。最初，他们和当地埃及法老们维持着和平的关系，而且西克索人采取了埃及传统的统治模式。出土的皇室墓葬和几个皇室雕像都是中古时期的风格。文学也继续以这种传统形式发展，新的作品问世，像《兰德数学纸莎草书》（*Rhind Mathematical Papyrus*）这样的旧作被多次复制。

▶ **技术革新**

直到此时，我们才知道埃及人使用两轮马拉战车。在近东地区也发展出了改良的弓箭。西克索军队在战斗中强于埃及士兵。

然而，西克索人在军事上优于埃及人，引入了马拉的战车、改良的弓箭、弯曲的赫波什（Khepesh）剑、头盔和盔甲。

大约公元前1570年爆发了真正的冲突。西克索统治者阿波比（Apepi）谴责西班统治者塔阿二世屠杀卡纳克湖中的河马，因为河马是供奉给塞特和巴力的生物。塔阿二世似乎在战斗中被杀死，因为他的头骨上有一道西亚风格的斧头留下的伤痕。他的继任者卡莫斯将西克索人赶回了阿瓦利斯。卡莫斯的儿子阿摩斯（Ahmose，公元前1550—前1525年在位）将西克索人驱逐出了埃及并建立了新王朝。

▲ **埃及的解放**

阿摩斯是第十八王朝的缔造者，他将西克索人从埃及驱逐了出去。他为祖母特提舍莉（Tetisheri）制造了这块石碑。这块石碑立在阿拜多斯一座供奉其祖母的小礼堂之中。石板上的铭文显示出阿摩斯特别要给予其祖母荣誉，因为她在其丈夫塔阿二世的统治时期扮演了非常重要的政治角色。

◀ **巴力（Baal）和塞特**

西克索人敬拜古埃及的邪神塞特，他们将塞特等同于叙利亚-巴勒斯坦地区的天气之神巴力。其他被敬拜的埃及神灵包括女神阿施塔特（Astarte）和阿娜特（Anat）。她们都来自叙利亚-巴勒斯坦地区，曾是巴力和塞特的配偶。他们被认为是法老在战斗中神圣的保护神。

巴利和古埃及诸神一样，也是站在一个长有双翼的太阳圆盘下方

阿特夫王冠上有大毒蛇形标记。

一块有牛尾巴的缠腰布是古埃及法老和诸神的典型装束

▼ **埃及和地中海世界**

西克索时期的壁画残片被发现于阿瓦利斯［今天的泰尔艾尔达巴（Tell el-Dab'a）］。这个古希腊克里特风格的壁画上绘制了与克里特岛克诺索斯（Knossos）装饰如狮身鹫首的怪兽和公牛等相似的场景。在克里特岛，巴格达和波哈兹科依（Boghazkoy）上发现了刻有西克索国王名字的古埃及物品，这显示出爱琴海和近东地区有贸易往来。

◀ **卡莫斯（Kamose）**

卡莫斯（公元前1555—前1550 年在位）是第十七王朝的最后一位法老。他继续了由其父亲塔阿二世（Taa II）发起的抗击西克索人的战役。1857年，他的金字塔状的古墓在西底比斯的德拉阿布艾尔纳加（Dra Abu el-Naga）地区被发现。当他的棺木被开启的一刹那，他的木乃伊便碎裂了。

◀ **阿赫特普一世（Ahhotep I）的手镯**

阿摩斯的母亲阿赫特普一世（大约公元前1590—前1530）在法老16岁之前一直摄政。写有她儿子名字的很多人工制品在她的古墓中被发现了，其中有很多的珠宝。这只用天青石装饰的金质手镯显示出法老跪在盖布神（Geb）面前的情形。盖布神抬起了右手，承认了法老的统治者身份。

中古时代末期和第二过渡时期（公元前1795—前1550）大事表

历史与社会

第十三王朝开始于公元前1795年

▲ **法老的灵魂**

第十三王朝的法老赫一世（Hor I）的木质雕像含有一部分人类的灵魂，埃及人称其为“Ka”。这座雕像是由雅克·德·摩根于1896年在位于达舒尔的古墓中发现的，位于阿蒙涅姆赫特三世的金字塔区域。这是已知的唯一一座法老灵魂雕像。

► **索贝霍特普四世（Sobekhotep IV）**

第十三王朝多位法老名字都是“索贝克是仁慈的”。鳄鱼神索贝克是法尤姆地区最重要的神灵。首都伊特塔威就位于这个地区。

公元前1795年　公元前1780年　公元前1760年　公元前1750年

第十四王朝（三角洲地区）

第十三王朝

法老

◄ **威格夫辉塔威拉（Wegaf Khuitawyra）**是第十三王朝的首位法老。他的王衔名字是“拉保护着两块土地”。他是一位军事首领，其统治大约持续了一年。有4座他的纪念碑保存至今。

► **什克赫姆拉辉塔威（Sekhemrakhuitawy）**是第十三王朝的第三位国王。根据《都灵皇室教规》（Turin Royal Canon）所载，他统治了6年。他统治时期的一座纪念碑上的几块石块被保存了下来。他的名字还被刻在第二大瀑布地区的努比亚的尤龙纳尔提（Uronarti）要塞封印上。

◄ **赫一世（阿维布拉）（Hor I，Awibra）**被认为是第十三王朝的第十四位国王。他命令修缮位于达舒尔的阿蒙涅姆赫特三世金字塔。赫的古墓位于阿蒙涅姆赫特三世金字塔地区内。他的墓葬器具保存完好。

◄ **肯杰尔（Khendjer）**是第十三王朝的第十七位国王，统治了约6年。统治时间跟他差不多长的法老们很少有金字塔。他在萨卡拉建造了一座金字塔和一座墓葬神庙。黑色花岗岩小金字塔上面刻有国王的名字。这座小金字塔的碎片被重新组装还原。

▼ **与别国的关系**

刻有西克索时期法老名字徽框的几件古埃及物品在赫梯族（Hittites）首都哈图撒斯（Hattusas，今天的波哈兹科依）被发现。这证明了双方的贸易和政治往来。

公元前1735年 公元前1725年 公元前1695年

第十三王朝

◀ **耐夫侯特普一世（赫瑟克赫姆拉，Khasekhemra）** 是第十三王朝的第二十二任国王。他统治了约11年。他在阿拜多斯重新立起欧西里斯雕像，并且为几座古埃及神庙捐献了多座雕像。

▶ **索贝霍特普四世（哈奈弗尔拉）（Sobekhotep IV，Khaneferra）** 是第十三王朝最重要的国王。他统治了约8年。他率军进攻努比亚，与近东展开贸易往来，并在很多神庙中立起他自己的雕像。

◀ **伊赫伊一世（梅利尼弗尔拉）（Ihy I，Merineferra）** 是第十三王朝的第二十七任也是最后一任统治者。人们猜测他的金字塔中的小金字塔建在萨卡拉，但在三角洲地区被发现。

▲ **皇家财富**

在第十七王朝末期，西班国王们开始重新掌权。他们重新获得的财富规模能够通过他们的墓葬器具展示出来，就像这顶因特夫一世的带有皇家蛇形标志的王冠。

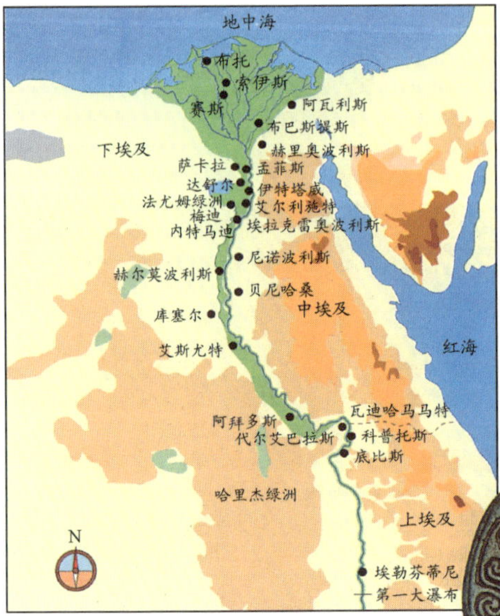

▲ **第二过渡时期的埃及**

在整个第二过渡时期，大多数重要城市都保持着原貌。然而，三角洲地区由于西克索皇室居住在阿瓦利斯而更显重要。

◀ **圣甲虫雕像**

在所有地中海国家发现了大量刻有圣甲虫的雕像。这表明埃及在中古时期和第二过渡时期开始与其他国家有了往来。第十三到第十七王朝时期的很多封印上都刻有法老的名字。

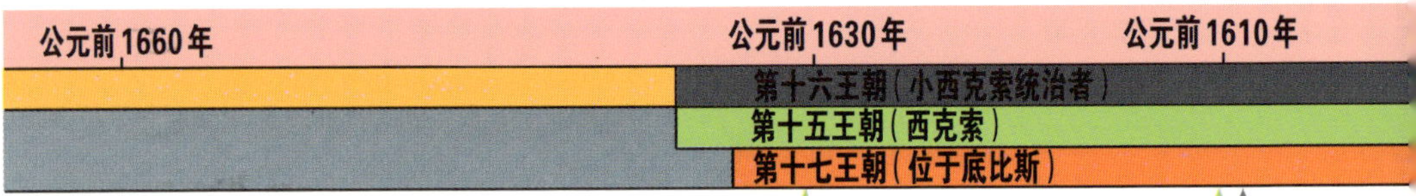

◀ **梅利尤瑟拉雅克伯-赫尔（Meriuserra Jaqob–her）**也许是第十五王朝西克索国王之一。他的名字被发现在埃及很多的圣甲虫雕像上，甚至在异族的克尔玛和巴勒斯坦地区也发现了刻有他名字的圣甲虫雕像。这暗示着埃及与这几个地区都有贸易往来。

▶ **基安（瑟尤瑟尔恩拉）[Khyan（Seuserenra）]**是第十五王朝最卓越的国王之一。在埃及和国外发现了几座写有他名字的纪念碑。例如，在巴格达发现的一座狮子卧像和在上埃及盖博拉发现的花岗岩石。

◀ **阿纳特-赫尔 赫卡-哈斯威（Anat–her Heka–khasw）**是第十六王朝的一位法老。他是西克索的一位王侯。他可能是在巴勒斯坦地区而非埃及进行统治的。他的名字只出现在一个圣甲虫雕像上。

▶ **因特夫七世（瑟克赫姆拉-赫尔威赫尔玛特）[Intef VII（Sekhemra–Herwhermaat）]**是第十七王朝的第十二任国王，在底比斯进行统治。他的统治时期也许非常短。他的王衔名字是"强大的拉神对于玛特很满意"。圣人棺木在当时很流行。他的圣人棺木被发现后存放在巴黎卢浮宫。

◀ **第二过渡时期的石板**

书吏索贝霍特普墓碑四面都经过了雕刻。上面刻有第十七王朝索贝克沙夫二世什克赫姆拉瑟瓦德伊塔威（Sobekemsaf II Sekhemrasewadjtawy）的两个名字徽框。

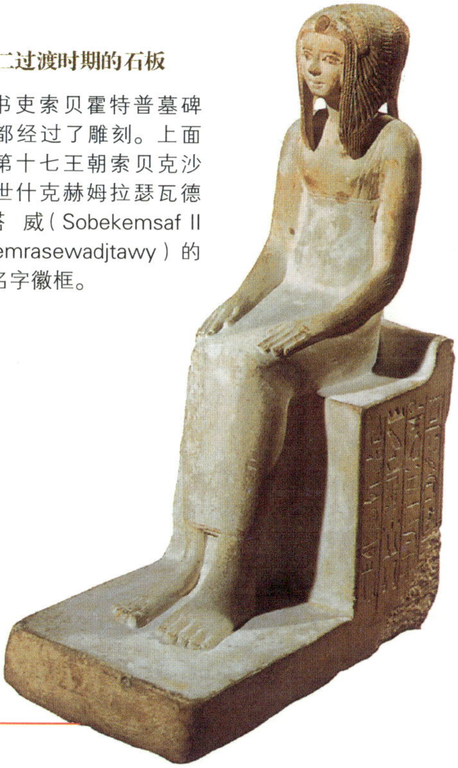

◀ **特提舍莉雕像**

新的研究表明，这座存于伦敦大英博物馆的雕像是赝品。真品的底部现存于开罗埃及博物馆。上面的铭文被复制。

公元前1600年　公元前1590年　公元前1560年　公元前1555年　公元前1550年

第十六王朝（小西克索统治者）

第十五王朝（西克索）

第十七王朝（位于底比斯）

◀ **塔阿二世（Taa II）**是第十七王朝的第十四位国王。根据一本纸莎草文献记载，他与当时的西克索国王阿波比进行了战斗。他必须向阿波比进贡。通过他的木乃伊上的伤痕可以判断他倒在战斗中。他的棺木在代尔艾尔巴哈利被发现。

◀ **卡莫斯（Kamose）**是第十七王朝的最后一位国王。他继续了父亲发起的针对西克索的战役。对他的战争报告写在卡纳克的两块石碑上。

阿波比一世（Apopi I）是第十五王朝最重要的国王。他33年的统治记录在《兰德数学纸莎草书》上。在他统治期间，居住在三角洲地区的西克索国王与居住在底比斯的埃及本土法老们之间的摩擦不断。

第二过渡时期结束于公元前1550年。在这一年，第十八王朝的统治者们重新获得对整个国家的控制，并且建立了新王朝。

第二过渡时期（公元前1650—前1550）

西克索人

西克索人是从叙利亚和巴勒斯坦地区来到埃及的定居者。他们在埃及第二过渡时期的政治真空段获取了埃及政权。

在接近第十二王朝（公元前1985—前1795）末期的时候，很多来自叙利亚和巴勒斯坦地区的移民进入埃及，定居在东三角洲地区的阿瓦利斯附近。尽管这些移民被当地的埃及人贬称为西克索人（意思是异族土地的统治者），在接下来的100年中，这些移民逐渐融入埃及社会。同时，埃及的中央集权渐渐瓦解，有超过70位统治者在埃及各地宣布对埃及的统治权。

我们并不清楚西克索人是否以武力夺取了三角洲地带，成为三角洲地区的多数族群，但是在公元前1650年左右，他们在首府阿瓦利斯控制了下埃及地区。他们从那里将权力扩展到孟菲斯，又进一步扩展到中埃及地区。同时，在埃及南部，埃及第十七王朝的法老们在底比斯统治着上埃及地区。

西班法老们尽管强烈地反对外族统治，但是由于他们的军事力量非常薄弱，同时西克索人和努比亚人形成的联盟使他们在北部和南部两面受敌。非同寻常的外交事件点燃了战争的火种。

▲ 西克索圣甲虫雕像

西克索统治者在圣甲虫雕像上的名字是我们了解其历史最为重要的资源之一。左边的圣甲虫雕像上刻有尼卡拉（Nikare）铭文，他是第十六王朝时期的一位小西克索国王。右边的圣甲虫雕像上是与第十六王朝处于同时期的第十五王朝的一位国王基安（Khyan）的铭文。

法老斯芬克司像身上的鬃毛替代了传统中用于装饰斯芬克司像的内梅斯头饰

法老的名字发生了变化。继任法老将前任法老的名字去掉，刻上自己的名字

▲ 斯芬克司狮身人面像

在塔尼斯（Tanis）发现的阿蒙涅姆赫特三世的斯芬克司像几乎完全是一头狮子的形象，这是强大权力的象征。

▲ 阿摩斯一世雕像

阿摩斯是新王朝的缔造者和首位法老。他是西班统治者塔阿二世的儿子和卡莫斯的兄弟。他的父亲和兄弟都与西克索进行了战争。阿摩斯一世完成了对西克索的征服，夺取了西克索的首府阿瓦利斯并最终将西克索人驱逐出埃及。

▼ 近东游牧民族

“西克索”是埃及赫卡哈斯威特（Heka-Khaswt）的希腊语，意思是“异族土地的统治者”。

◀ **卡莫斯长矛**

这个矛头上刻有西班法老卡莫斯的名字，是从其母亲那赫特普一世（公元前1590—前1530）的古墓中发现的。现保存于英国牛津阿什莫林博物馆。

西克索王朝（Hyksos）国王阿波比一世给西班统治者塔阿二世写信，要求他废除捕杀河马的风俗，因为河马是西克索的主要神灵塞特的尘世化身。西班拒绝了这一要求，于是战争爆发了。战争的具体细节我们无从知晓，但是塔阿二世的木乃伊显示他的头骨被一把亚洲战斧砍过。他的儿子卡莫斯继续战斗，并且在努比亚射手的帮助下将阿波比一世打回了阿瓦利斯，但并没有攻下这座城邦。卡莫斯的兄弟阿摩斯最终驱逐了西克索并创建了第十八王朝（公元前1550—前1295）和新王朝时期。

▲ **卡莫斯的斧头刀刃**

这把武器同样是在卡莫斯母亲的古墓中发现的。上面刻有卡莫斯的名字。现保存在伦敦大英博物馆内。

“懦弱的亚洲人，你的心脏越来越微弱了！看啊，我将从你的葡萄藤上取酒来喝。我俘获的亚洲人将为我挤出美酒”

“让我们将埃及的城邦分裂开来，这样我们两个国家将欢呼雀跃”

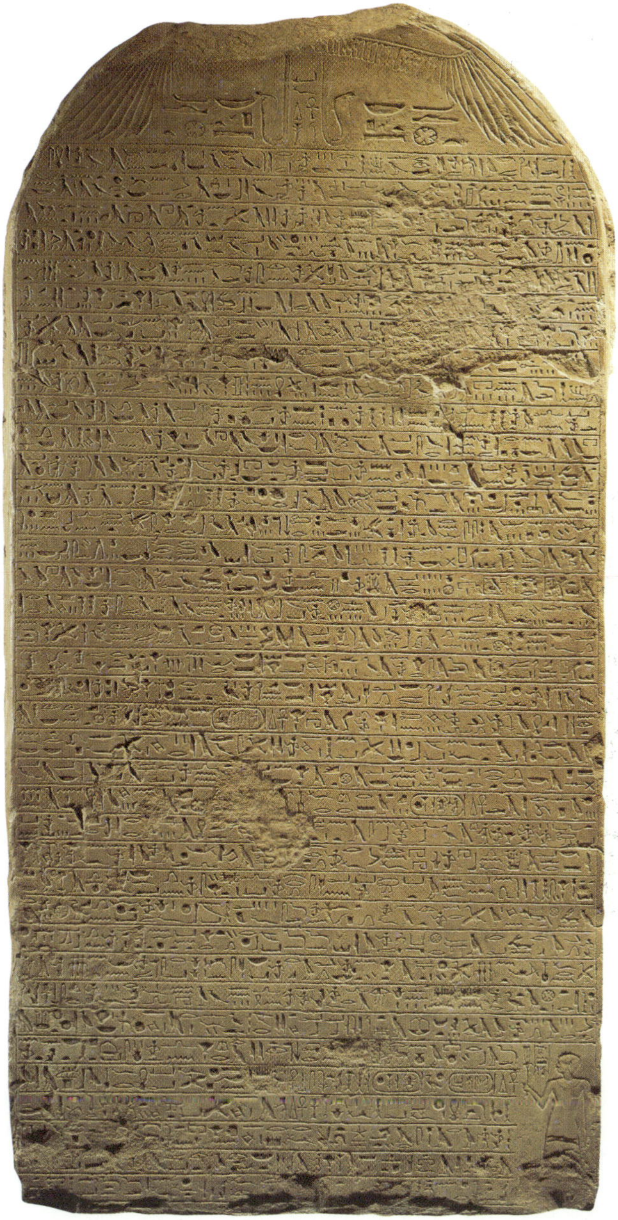

▲ 卡莫斯石板

这块卡莫斯石板于1954年发现于卡纳克神庙，它揭示了卡莫斯打败西克索国王阿波比一世的故事，同时还记述了后来阿波比给努比亚统治者库什（Kush）写信，请他攻打卡莫斯的事情。传信人被卡莫斯的军队截获了。由于得知对手的计划，卡莫斯对其进行了先发制人的打击。

新王朝时期

在新王朝时期出现了很多著名的法老，如拉美西斯二世。这一时期是古埃及历史上最后一段辉煌时期。

▲ 幸运事件

图坦卡蒙（公元前1336—前1327年在位）的黄金面具是迄今为止保存最为完好的新王朝时期珍宝之一。在大约公元前1140年，工人们正在挖掘拉美西斯六世（公元前1143—前1136年在位）的古墓。他们将碎片放在图坦卡蒙古墓的上方，将古墓和入口都隐藏了起来。所以这座古墓躲过了20年后疯狂扫荡帝王谷（Valley of the Kings）的盗墓者的劫掠。

第十八王朝（公元前1550—前1295）的西班统治者将西克索国王们——从公元前1650年左右起就控制了埃及的巴勒斯坦入侵者——驱逐出去后，新王朝开始了。继任的法老们，包括图特摩斯一世（Thutmose，公元前1540—前1492年在位）和他的孙子图特摩斯三世（公元前1479—前1425年在位）将埃及的边界进行了扩展，北至叙利亚，南至上努比亚（今苏丹）尼罗河的第四大瀑布地区。

这些征服为埃及赢得了许多贡品，积累了大量财富。同时埃及也吸纳了很多外来的思想，受到了外来的影响。结果新王朝时期的法老们、贵族和统治阶级都拥有了前所未有的奢华而精致的生活。

黄金时代

阿蒙霍特普三世（公元前1390—前1352年在位）统治时期是第十八王朝的黄金时代。他成为法老时继承了一个和平的王朝和一个复杂的世界性宫廷。利用埃及的繁荣优势，他通过建造奢侈的纪念碑的方式给王朝增加声誉。

然而，最臭名昭著的法老是他的儿子阿肯纳顿（Akhenaten，公元前1352—前1336年在位）。阿肯纳顿企图扫除旧的宗教秩序，并以阿顿（Aten）作为唯一的神灵敬拜。传统信仰在少年国王图坦卡蒙统治期内得以恢复。他是新王朝时期最著名的统治者，但是对于他我们却知之甚少。图坦卡蒙的盛名是由于考古学家在他的古墓中发现了惊人的财宝。

第十九王朝另外一位杰出的统治者是法老拉美西斯二世。他因三件事情而闻名：在卡迭石战役中打败了赫梯人、在位时间和统治时期建造的纪念碑的数量等。

▶ **激进的法老**

这座小雕像描述了第十八王朝的法老阿肯纳顿进贡的场景。他是新王朝时期最为激进的一位法老。他通过提升神灵阿顿的地位，将其作为埃及唯一的神灵而“改革”了埃及的宗教。他在阿玛尔纳建立了新都城，并且发展出一种新的艺术风格。饱满的双唇、蛇形的眼睛和圆滚滚的身体是这位统治者的典型写照。在有些雕像中这些面部特征被大大夸张了。

▼ **帝王谷**

从图特摩斯一世起，埃及法老们被安葬在底比斯西部群山脚下的一片沙漠中。在这里，视觉壮观但结构不牢的古老金字塔被切入岩石的墓葬所代替。一队监控官员把守着这片区域和里面的财宝。

▲ **异族的入侵**

在第十王朝时期，古埃及抵御了海上民族（Sea Peoples）的入侵，这些人是来自爱琴海岛屿和如今土耳其南部海岸地区（下图所示）的移民，他们受到了拉美西斯三世的沉重回击。但是在后来的法老统治中，异族入侵特别是利比亚人的入侵就变得很普遍了，同时也标志着埃及的衰落。

▶ **附庸国王**

新王朝时期的法老们在近东地区发动了很多次的军事行动，并入侵了几个城邦和国家。这尊雕像刻画了叙利亚一座城邦国的国王伊德利米（Idrimi）的形象，他与图特摩斯一世同时期在位。

▼ **权力中心卡纳克**

阿蒙-拉是新王朝时期的一位卓越的神灵。在这一时期卡纳克有一座供奉他的神庙。一大部分战时的战利品，包括奴隶、动物和其他珍贵物品源源不断地运往神庙。结果，阿蒙的祭司们获得了无可比拟的巨大财富，这使他们拥有了巨大的权力和政治影响。

新王朝时期（公元前1550—前1069）

工匠和盗墓贼

公元前1153年拉美西斯三世死后，继任的无能君主们使埃及逐渐处于漫长的经济崩溃、社会衰退的状态。行贿颇为盛行，西班大墓地的财宝被洗劫一空，腐败的官员们却视而不见。

几部纸莎草文献，包括《艾伯特纸莎草书》（Papyus Abbott）和《阿姆赫斯特-李奥帕德二世纸莎草书》（Papyrus Amherst-Leopold II）都记载了在拉美西斯九世（公元前1126—前1108 年在位）统治时期对西班大墓地的掠夺之风所做的一项法律调查。这些“盗墓贼纸莎草文献”描绘了一张社会衰退的细致图画。当时，连底比斯西区的市长帕威尔阿（Paweraa）这样的高级官员都在他辖区墓葬的偷盗中获取了巨大利益。两位来自德尔麦迪纳的书吏将所发生的事情告诉了帕威尔阿的对手——底比斯东区的市长帕瑟尔（Paser）。帕瑟尔公开指责了盗窃法老墓的官员们的所作所为。他还派了他的维齐尔哈伊姆瓦斯特（Khaemwaset）对相关调查进行监督。

◀ **拉美西斯六世的古墓**

当古埃及在新王朝时期末期失去了它的王权和资源之时，腐败随着对古墓和神庙的猖獗劫掠而蔓延开来。盗墓贼们没有放过帝王谷的大墓葬，如拉美西斯六世的古墓。英格兰的利物浦博物馆收藏的一部纸莎草文献中记录了盗墓贼们从一座古墓就偷出了重达50千克的青铜和铜质的物品。

调查发现，几个盗墓帮派已经系统地对底比斯西岸的皇家和私人古墓进行了至少3年的劫掠。他们审问的一个盗贼供认曾有一次在偷盗中被当场抓获，但是他们用偷盗来的财宝贿赂了抓住他们的书吏而获得了自由。

► **拉美西斯九世**

从拉美西斯四世到拉美西斯九世，埃及经历了一系列无能法老的统治。他们没有意愿也没有权力使国家及其制度井然有序。拉美西斯九世是这一时期仅有的统治超过10年的两位统治者之一。他对于盗墓贼的打击措施大部分都不奏效。

▼ **不安全的墓葬地**

新王朝时期初期，在墓葬神庙旁边修建法老古墓的风俗渐渐消退了。底比斯西部偏僻的多岩石沙漠中的一处地方成为皇家墓葬地，这就是帝王谷。仅这一处的无边财富就对盗墓贼们形成了难以抗拒的吸引力。

官员们视察了位于德拉阿布纳加的第十一王朝和第十七王朝的10座古墓，只发现一座很明显遭到偷盗的古墓。这座古墓的主人是第十七王朝的一位法老索贝克沙夫二世和他妻子。在那个时期，帝王谷貌似保卫森严，但是调查官员后来发现，其实很多古墓已遭盗窃。

系统盗窃

盗墓活动还在继续。帝王谷很多的古墓在这个时期已经被洗劫一空。有新的证据表明，官员们不仅对这些盗墓活动视而不见，而且事实上还参与组织盗墓。早期法老古墓中的财宝被不断用来填充已经枯竭的国库。

在拉美西斯九世统治期间，新王朝陷入内战，对西班皇室和私人墓葬的掠夺也异常猖獗。这些盗墓活动都是由阿蒙的高级祭司们一手策划的。他们借整修墓葬为名洗劫了这些西班古墓。很多皇室木乃伊身上的金子被掠走，裹尸布被藏起。一个多世纪后，它们被运到德尔巴利，安放在一位高级祭司皮内杰姆（Pinedjem）的家族墓葬中，而他自己就曾是一名盗墓贼。

◀ **一位利比亚战俘**

拉美西斯九世统治时期面临着政权瓦解和造墓工人起义等很多问题。除此之外，他在其统治的第八到第十五年间还要抗击利比亚人对于埃及的侵略。图中所示的这种雕像是战斗宣传的一部分，目的是使埃及人民放心，他们的法老仍在控制局势。盗墓贼可能利用这些混乱来掩饰他们的活动。

知识窗

古墓320——皇室木乃伊的藏身之所

1871年，一对拉索尔兄弟在尼罗河西岸德尔巴利的一处陡峭岩石侧面发现了一个入口被堵上的隧道。他们打开了隧道（右图），开始挖掘，在13米深的地方发现了一条长70米通向山坡的走廊。那里叠放着几十口法老和其他贵族木乃伊的棺木，还有很多墓葬装备。这些木乃伊是在第二十王朝末期由高级祭司运送至此的，目的是保护这些木乃伊的安全以防它们被洗劫一空。

拉索尔兄弟开始默默地兜售从这座古墓找到的物品。他们贩卖多年后，埃及古迹部门（Egyptian Antiquities Service）在当时主管加斯顿·马斯佩罗（Gaston Maspero）的调查下才得知真相。1881年，马斯佩罗命令他的助理艾米·布鲁格施（Emi Brugsch）着手尽快将这座古墓物品搬运出来。这时，谣言在附近一座名为科纳（Qurna）的小村庄开始传播。村里居民在法老时期贵族的古墓上方盖了很多房子，谣言说古迹部门发现了大量金银财宝。马斯佩罗感到事态严重了。

在短短两个小时内，图特摩斯二世和拉美西斯二世等国王的棺木和木乃伊从狭窄的隧道中被运出并移送到开罗博物馆。多年来，古墓320也被称为“隐藏之所”，被填满碎石和松散的岩石。埃及古代文物学者埃哈德·格拉夫（Erhard Graefe）在1998年将其重新开启，首次对其进行了科学考察。

新王朝时期（公元前1550—前1069）

图特摩斯一世

新王朝的第三位法老图特摩斯一世（Thutmose I）将埃及的影响扩展到近东的幼发拉底河及南部的努比亚地区。

图特摩斯一世（公元前1504—前1492年在位）的登基过程非同寻常。法老阿蒙霍特普一世没有男性后裔。其法老之位并不是由一位有皇室血统之人继承，而是由军事首领图特摩斯继承。图特摩斯出身卑微，但为了使其统治合法，他娶了阿摩斯公主为妻。阿摩斯公主可能就是前任法老的女儿。

图特摩斯一世的成就

尽管图特摩斯一世的统治时间比较短，但是他在外交政策方面的成就却相当令人瞩目。他有一支组织完善的军队，安抚了努比亚，将埃及的南部边界划定在第三大瀑布地区。他的雄心壮志是征服亚洲，并且使埃及成为当时最重要的大国。他出兵抵达幼发拉底河沿岸，成功地对抗了埃及的持剑敌人米坦尼人。他成为新王朝时期首位控制了近东地区的法老。

◀ **受托特庇佑之人**

图特摩斯的出生姓名的意思是“托特出生了”，将法老置于智慧之神的保护下。托特经常被刻画成此图中所示的狒狒的形象。

▼ 勇士国王

图特摩斯一世继续着其先人的扩张政策。他率军攻打努比亚和近东地区，成为首位抵达幼发拉底河并在叙利亚建立埃及统治的埃及法老。

▶ 出生名字和王衔

一位法老5个名字中的2个写在名字徽框中。图特摩斯的出身姓名由神圣的朱鹭代表，而下方的王位名字的意思是“拉灵魂的展示是伟大的”（Great is the manifestation of the Ka of Ra）。

▼ 图特摩斯的前任——阿蒙霍特普一世

阿蒙霍特普一世（公元前1525—前1504年在位）是第十八王朝的第二位国王。他没有男性后裔，结果王位传给了军事首领图特摩斯。

在国内，图特摩斯一世精心修建并扩建了位于卡纳克的神庙群，建造了一个有列柱的礼堂，里面还有两扇宏伟的塔门（仪式通路），塔门前立着两座方尖石碑。

帝王谷的古墓

法老还指示其建筑师艾纳尼（Ineni）为他在底比斯建造一座古墓，这是新王朝时期首座建在帝王谷大墓地的古墓。图特摩斯一世的木乃伊后来被移到另外一座古墓中，也许就是在德尔巴利发现的“隐藏之所”的众多古墓中的一座。在他去世时，将王位传给了他与妾室所生的儿子图特摩斯二世。

◀ **哈塞普苏**

这位女王是图特摩斯与原配妻子阿摩斯所生的女儿。她嫁给了自己的同父异母兄弟图特摩斯二世，并在其死后成为他的儿子和继任者图特摩斯三世的摄政者。不久后她便被加冕为埃及法老，并统治了埃及20年。

▲ **被征服的人**

图特摩斯一世将埃及的力量拓展到南部的努比亚，控制了当地的努比亚人。图中所示为努比亚人身着传统服饰。图特摩斯一世还控制了北部的叙利亚-巴勒斯坦人。这些军事进攻的目的是控制如铜、银、油、木材等原材料和买卖奴隶的贸易线路。

▲ **圣甲虫封印**

以圣甲虫形式制造的封印一般用图形和铭文来装饰。有时被用来鉴定官文。图中所示的封印中含有图特摩斯一世的名字徽框，里面刻有他的王位名字，侧面还有两个猎鹰头，上方有一只长着一对翅膀的圣甲虫。

► **卡纳克的方尖石碑**

在图特摩斯一世统治时期，他命令建筑师艾纳尼修缮并扩建在卡纳克的阿蒙神庙。结果两扇塔门后面又建造了一座巨大的有石柱的宫殿。塔门前立着两座方尖石碑，其中的一座保留至今。属于他的女儿哈塞普苏（Hatshepsut）的方尖石碑（右图）立在图特摩斯的石碑的北边。

新王朝时期（公元前1550—前1069）

女法老哈塞普苏

在古埃及3 000年的令人惊叹的统治中只出现了3位女法老，其中最为著名的是哈塞普苏。她通过摄政，在公元前1473—前1458年间统治着埃及。

▲ **最高荣誉**

在图特摩斯三世统治的第七年，当他还是一个未成年人时，哈塞普苏被加冕为法老。在刻画她的图案中，她没有穿着作为伟大法老妻子的服饰，而是打扮成具有法老的男子特征：头戴上、下埃及双重王冠，编成辫子的假胡子，在她腰带上有象征权力的动物尾巴和皇室缠腰布。

哈塞普苏和她的丈夫，同时也是她同父异母的兄弟图特摩斯二世有一个女儿，但没有儿子。所以当图特摩斯二世死后，法老的头衔就被他与妾室艾西斯（Isis）所生的儿子继承。但是图特摩斯三世这时还只是一个婴儿，因此哈塞普苏就成为摄政者。

选择一位女性来担任这样的角色并不奇怪。其他的王后作为国王的女儿、姐妹或妻子在她们儿子还小的时候也都担任过摄政者。然而，在哈塞普苏担任摄政王期间，有迹象显示她打算让自己成为埃及的首位女法老。

她经常被刻画成一位频频给予其男性亲属优先权的女性。但是在图特摩斯三世统治的第七年（公元前1473 年），哈塞普苏接管了埃及王冠，并开始被绘制成一位男性。她小心地聚集着权力，特别是努力赢得例如森姆特（Senmut）这样贵族的支持。森姆特是阿蒙的大祭司，也许还是女王的情人。

▶ 安详的女王

这个头像是由碎片还原出来的。它是一座位于德尔巴利的哈塞普苏神庙第三露台的大雕像的一部分。大大的眼睛和恬淡的微笑使这座雕像比著名的奈费尔提蒂半身像少了一丝傲慢。

▼ 哈塞普苏斯芬克司像

斯芬克司是狮身人面像，将统治者刻画为神灵。图中美丽的脸庞为哈塞普苏的脸，但是她并没有戴着令人熟悉的内梅斯头饰，而是顶着厚厚的鬃毛。

为了使其夺取政权合法化，哈塞普苏更改了出生和加冕仪式。她声称国王是众神之子，是神灵在尘世的代表。她还建立起了一套主张神圣诞生的碑铭。尽管如此，图特摩斯三世仍是埃及理论上的统治者，只是在他统治埃及的15年中，埃及还有一位强有力的摄政者。

成功和继任

这是一段繁荣的时期。女法老在这期间兴起了众多建筑项目，其中包括一座供奉阿蒙的卡纳克神庙和她自己位于德尔巴利华丽的墓葬神庙的大规模建设项目。

哈塞普苏死时，图特摩斯三世已经准备好接管统治权。在他单独执政期间，哈塞普苏女王刻在纪念碑上的大部分名字和形象都被锤平了。最近的调查显示，这些名字和形象在女王死后没有马上被破坏，而是在约20年后，也就是图特摩斯统治的第42年开始被破坏的。这一事实与传统说法相冲突。传统说法认为复仇心切的国王立即兑现自己对女王的仇恨，而事实上，复仇行动几十年之后才付诸实施。

男性服装

下图所示浮雕刻在哈塞普苏在卡纳克建起的两座宏伟的方尖石碑中的一座上。浮雕中所描绘的女法老的穿着貌似一位男性法老，和阿蒙–拉神站在一起。

◀ 女王的侄子——图特摩斯三世

人们曾认为，女法老一定是把图特摩斯三世藏在宫中，但事实上，在她所有的地下纪念碑上都绘制了她与侄子的联合统治者的形象，目的是将他和她非常重要的政策决定联系在一起。图特摩斯（左图右部，在一个临近哈塞普苏墓葬神庙的神殿中发现的猎鹰头的赫鲁斯神）从很小开始就被训练如何执政，在他姑妈统治的最后几年被任命为军队的首领。

知识窗

庞特

对庞特的和平考察是女法老的一项浩大工程。这一事件后来在德尔巴利神庙的第二层露台的墙壁上有着详细记述。埃及人知道南部这片富饶的土地的存在已经有几个世纪了。最初埃及人认为这是一片充满寓言和传奇的土地，居住者是深色肤色的种族。然而在哈塞普苏启动这场雄心壮志的远征前，埃及和庞特竟然有300年没有贸易往来。

这次考察始于红海上的一处港口，航行了1000千米后抵达了庞特海岸。埃及人受到了庞特国王和他骑在驴身上的、身材硕大的王后的热烈欢迎。埃及人在庞特发现很多村庄都有用芦苇建在支柱上的小屋，进出用梯子。他们还发现庞特人主要种植的是棕榈树和没药树。王后的代理人用项链、珠子、雕像和武器通过“安静的贸易”（双方交换物品时无人讲话）来换取金子、黑檀木和熏香树。

在返回底比斯时，考察队受到了凯旋般的迎接。在下埃及鼎盛时期，埃及与庞特的贸易通过河运和海运继续发展。庞特（“神圣的土地”）也牢牢地铭刻在了埃及人的想象中。右面的这幅画是由19世纪才华横溢的法国探险家艾米尔·普利斯·达文尼斯（Emile Prisse d'Avennes）根据德尔巴利的一处浮雕所绘，描绘的是一位庞特贸易者的形象。尽管现在人们一致认为庞特位于今天的厄立特里亚南部，但历史学家们对于这块神秘的土地究竟在何处仍争论不休。

图特摩斯三世

图特摩斯三世磕磕绊绊地开始了统治，起初他的政治光环在他的姑妈、摄政者哈塞普苏的参政下显得黯然失色。图特摩斯三世（公元前1479—前1425）非常成功的统治表现在他作为军队首领所取得的巨大成就上。

图特摩斯三世统治时期是埃及历史上最为辉煌的时期之一。他继续拓展埃及的边界，成绩令埃及其他的统治者都望尘莫及。他被埃及古物学者詹姆斯·布雷斯特德（James Breasted）称为“埃及的拿破仑”。然而，在他统治进入第20个年头，他才成为埃及唯一的统治者。

▲ 刻有名字的名字徽框

图特摩斯三世和第十八王朝其他3位法老的出生姓名相同，意思是“托特出生了”。在那个时代，法老的名字由神的名字组成是很常见的。在图特摩斯的名字徽框中还刻有组成法老头衔的象形文字，意思是“赫里奥波利斯的统治者”。

摄政者和女王

图特摩斯三世是图特摩斯二世（公元前1492—公元前1479年在位）和其一位妾室阿塞特（Aset）所生之子。当图特摩斯二世去世时，他还只是个孩子，图特摩斯二世的正房妻子哈塞普苏便成为摄政者。在公元前1473年左右，她加冕法老头衔，成为埃及的统治者，直到公元前1458年去世。而后，图特摩斯三世要求行使其继承权，开始组织对中东地区的首次军事战役，目的是从米坦尼手中重新赢得对李文特（Levant）的控制。米坦尼是一个以美索不达米亚和叙利亚为基地的王国。与此同时，图特摩斯三世为了自己的利益而着手将哈塞普苏的名字和形象从纪念碑上抹去。

▶ 被抹去形象和名字

哈塞普苏死后不久，法老便开始将她的名字和形象从纪念碑上抹去的系统工程。这并不是因为图特摩斯三世的个人仇恨或满足其复仇之心，而是为了重新建立统治秩序。当然一位女性竟然能够担任法老也令他感到愤怒。

图特摩斯三世雕像显示出统治者安宁平和的面容，有着一个征服者气定神闲的表情

蛇形标志、内梅斯头巾和方形假胡子都显示出这座黑色花岗岩坐像中图特摩斯三世的皇家地位

图特摩斯带扣上的名字徽框中刻有其王位名字蒙克赫波拉（Menkheperra）

◀ 伟大的建造者

这尊图特摩斯三世的坐像现存于开罗的埃及博物馆，于卡纳克的神庙中被发现。图特摩斯三世当时在卡纳克负责建造方尖石碑、节日礼堂。作为法老，图特摩斯三世在埃及和努比亚建造了很多新的纪念碑。

叙利亚一座城邦卡迭石的王子非常有权势，他与米坦尼其他诸侯领地内的总督和统治者形成联盟。图特摩斯三世在哈塞普苏去世前就几乎拥有了军队的完全控制权。他在公元前1457年的梅吉杜（Meggido）战役中遭遇联盟军的强力抵抗。联盟军幸存者退守到了梅吉杜这座四面有防护墙的城邦，但是最终在图特摩斯军队7个月的围攻下而缴械投降。

胜利的法老缴获了卡迭石王子的全部财产。很多起义的总督在这场战役后也宣布忠诚于图特摩斯三世。他们得以保留官位，但必须向埃及进贡。图特摩斯三世又进行了15场战役才最终控制了这一地区。埃及军队在公元前1446年长驱直入幼发拉底河地区的米坦尼。因为没有进行决定性的战役，所以这一地区进入了长达20年的和平时期。

图特摩斯三世不仅以他建立帝国的活动而著称。在其统治末期，他建造了很多神庙，包括在托德、梅达姆德和艾尔曼特的神庙，还有在卡纳克的著名节日礼堂。他位于德尔巴利哈塞普苏神庙附近的墓葬神庙中没留下什么东西，但是他的古墓因有字迹的纸莎草装饰而闻名。这座古墓是帝王谷最为宏大的墓葬。

◀ **红色小礼堂**

哈塞普苏在卡纳克建造了一座供奉阿蒙的神殿。这座神殿由石英岩建造，今天作为红色小礼堂而为人所知。和所有她在埃及的纪念碑一样，神殿中的铭文和浮雕都将年轻的图特摩斯三世放置在她敬拜诸神的仪式之中。在哈塞普苏去世之时，整个工程还没有完成，图特摩斯三世最终将它完成。浮雕显示法老跪坐在阿蒙-拉前方，阿蒙-拉将一顶蓝色王冠戴在了法老的头上。

◀ **最后的战役**

在图特摩斯三世统治末期，他率领军队来到努比亚镇压了一次起义，虏获很多战俘。

▲ **南部边界**

在图特摩斯三世统治时期，埃及的影响拓展到了努比亚地区的第四大瀑布，在那里建造了很多泥砖圣殿作为石头神庙。

► **家族类同之处**

图特摩斯三世有些女性化，孩子气的面部特征与他的姑妈哈塞普苏非常相像，因此有时很难将他们区分开。

新王朝时期（公元前1550—前1069）

阿肯纳顿的宗教改革

阿蒙在埃及的最高神灵地位持续了几个世纪，他的祭司享受了独特的权力和待遇。然而，阿肯纳顿（公元前1352—前1336年在位）改革了宗教，采用了阿顿教。

阿顿（Aten）代表太阳神。他作为太阳圆盘最初出现在赫里奥波利斯，也就是已知最早的太阳神庙所在地。在新王朝时期，敬拜阿顿的风俗日益兴盛。阿蒙霍特普二世（公元前1427—前1400在位）统治时期，阿顿神最初被刻画成一个喷射出无数光线，好像伸展出无数条手臂的圆盘，最终阿蒙霍特普三世（公元前1390—前1352年在位）受妻子提伊（Tiy，大约公元前1410—前1340）影响后普及了阿顿，将他奉为主要神灵。

◀ **提伊，法老的母亲**

阿蒙霍特普三世的第一位妻子，王后提伊对于她的丈夫和儿子阿肯纳顿有着很大的影响。她在阿肯纳顿统治的第十二年来到了他的都城阿克塔顿，可能在那里还有自己的宫殿。这座木质头像存放在德国柏林博物馆的埃及馆内。头像展示出了她强势的面容。

他的儿子阿蒙霍特普四世（即阿肯纳顿），由于其宗教信仰和想要减弱阿蒙祭司们的权力而继续将阿顿推广为埃及的唯一神灵。没有了法老的支持，阿蒙神教的重要性和影响力越来越小，最终在埃及被禁止了。

▲ **改名字**

阿蒙霍特普四世（“阿蒙很满意”）在他统治的第五年将名字改为阿肯纳顿，并在名字徽框中刻上了阿顿的名字。

▼ **阿顿，唯一的神**

阿肯纳顿只允许敬拜阿顿神。他被刻画为一个太阳圆盘。圆盘中射出的光线最终汇集在象征生命的T形十字章和象征权力的节杖中。

太阳圆盘用光线触碰了法老及其贡品，并授予他T形十字章和节杖

法老阿肯纳顿头戴蓝色赫普拉什（Khepresh）王冠，手中拿着纸莎草花献给阿顿神

▲ **开放式屋顶**

由于阿顿是作为太阳圆盘被敬拜的，神庙的屋顶被建造为向天开放式，这样阿顿的太阳光线才能够毫无障碍地到达献祭神坛。这些神庙没有黑暗的神殿，而有很多户外庭院。这幅浮雕展示出一座神庙的入口和两个神坛。

在阿蒙霍特普四世统治的第五年，他将名字改为阿肯纳顿并建立了名为阿克塔顿的都城，意思是"太阳圆盘的地平线"。这座都城就是今天的代尔艾尔阿玛尔纳（Tel el-Amarna）。他在这里建造了两座供奉阿顿的神庙。神庙有一个开阔的庭院，里面设置了供奉的桌子和神坛。阿肯纳顿和王后奈费尔提蒂（Nefertiti）会主持户外祭拜仪式。仪式用的食品、饮品和花都摆放在供奉桌上。同时还有音乐伴着祷告和圣歌仪式，对太阳进行赞颂。

为了确认他本人和阿顿神之间的神圣联系，法老将神灵的名字刻在了一个与他自己的名字徽框很像的徽框中，并且宣布太阳圆盘是一位天上的法老，而他自己是阿顿的尘世代表。阿肯纳顿作为阿顿的最高祭司，成为往来于人神间的唯一的中间人。

阿蒙的回归

然而，这场宗教改革只在阿肯纳顿统治期间持续了下来。在他死后，埃及又转回敬拜阿蒙。阿克塔顿城被荒弃，同时也开始了一切与法老阿肯纳顿和他的阿顿神相关形象甚至名字的破坏和丑化。

阿肯纳顿的继任者们

在阿肯纳顿去世前，他任命斯门克卡拉（Smenkhkara，公元前1338—前1336年在位）为其联合摄政者。下图的浮雕显示的可能是斯门克卡拉和妻子梅利塔顿（Meritaten）的形象。对于他的出身我们不得而知，甚至他两年统治的起止时间也没有确切的记载。

斯门克卡拉也许是阿肯纳顿和他的一位妾室所生的儿子，是他的继任者图坦卡蒙（公元前1336—前1327年在位）的一位兄弟。年长的朝臣阿伊（Ay，公元前1327—前1323 年在位）也许是阿肯纳顿的叔叔，他在图坦卡蒙死后接掌了政权并且娶了阿肯纳顿的一个女儿为妻。第十八王朝的最后一位统治者霍伦海布（公元前1323—前1295 年在位）与阿肯纳顿没有任何的家族联系。

▲ **一位阿玛尔纳公主**

通过头部的形状和大股辫发能够辨认出这是阿肯纳顿和奈费尔提蒂的女儿之一。她在赞颂阿顿光线的赐福。

▼ 皇室宗脉

阿肯纳顿和奈费尔提蒂育有6个女儿，但没有男性子嗣能够继承王位。在他死后，很多的皇室亲属都先后获得王权统治了一小段时间，直到前朝将军霍伦海布接管政权，结束了王朝继承。

梅利塔顿将鲜花和水果递给丈夫

▲ **小法老图坦卡蒙**

阿肯纳顿和另一个妻子琪雅（Kiya）所生的儿子娶了阿肯纳顿和奈费尔提蒂的一个女儿安赫森纳蒙（Ankhesenamun）。他在8岁时继承了王位。

◀ **霍伦海布**

帕特纳姆赫布（Paatenemheb）将军是法老阿肯纳顿和图坦卡蒙统治时期的军队首领。他作为霍伦海布（公元前1323—前1295年在位）接掌了王位，并开始拆除供奉阿顿的神庙。

◀ **作为女儿的角色**

这可能是梅利塔顿的半身像。梅利塔顿接过了延续王朝统治的艰难任务。在她的母亲奈费尔提蒂消失后，她成为她父亲阿肯纳顿的官方正式妻子。在父亲死后，她嫁给了其继任者，她在斯门克卡拉去世前不久过世。斯门克卡拉的统治仅仅持续了两年。

阿肯纳顿的外交政策

在阿蒙霍普特三世统治时期，埃及与邻国和平相处，国家继续繁荣。然而，他的儿子及继任者阿肯纳顿似乎对外交政策和国家事务毫无兴趣。他认为，因为有太阳神阿顿，所有人都是善良、慷慨与和平的。但他的这一观点并不被埃及的诸侯城邦和盟国所接受，因为他们发现自己越来越受到邻国的威胁。

在1887年于阿克塔顿废墟中发现的著名文献储藏处的阿玛尔纳书信中还有埃及和巴比伦尼亚、亚述，以及叙利亚–巴勒斯坦诸侯城邦的书信往来。信中详细阐明了盟国的不同请求。这些书信是以当时的外交语言巴比伦尼亚语的楔形文字写在黏土写字板上的。

书信包含巴比伦王子的恳求，他的国家不断地受到叙利亚沙漠贝都因人的袭击；信中有米坦尼国王图什拉塔（Tushratta）请求埃及派遣部队帮助他们抵抗赫梯族的攻击；有亚述国王阿苏鲁巴利特一世（Ashuruballit I，公元前1365—前1330年在位）和巴比伦布纳布利阿什二世（Burnaburiash II，公元前1360—前1333年在位）的抱怨，也有他们传统礼物黄金的数量和质量。赫梯国王苏皮卢利乌马斯一世（Suppiluliumas I，公元前1380—前1346年在位）一步步地吞并了受到埃及保护的小王国。在10年内，埃及王国的边界缩减到只有尼罗河谷地区。

▼ **西亚敌人**

阿肯纳顿对于外交政策和埃及盟友毫无兴趣。然而，在阿克塔顿宫殿地板上，却描绘了被打败并被活捉的亚洲敌人形象，比如说被绑住的战俘的形象。法老每天就在这样的地板上走来走去，把他们踩在脚下。

新王朝时期（公元前1550—前1069）

奈费尔提蒂——权力与美貌

奈费尔提蒂超凡脱俗的美貌就如同她的性格一样始终是个谜，出土的诸多壁画、雕塑都显示出她在埃及人的政治、宗教生活中扮演着重要角色。

奈费尔提蒂是法老阿肯纳顿的正房妻子。今天最为人所知的是她的传奇美貌。她同时还拥有至高无上的权力。婚后，她积极参与国家事务，发挥了巨大的政治影响力。因此在描绘她的艺术作品中，她经常戴着一顶法老王冠。

对于奈费尔提蒂的早期生活我们知之甚少，历史学家认为她是阿伊的女儿。阿伊可能是阿肯纳顿的叔叔，是重要官员之一。对于奈费尔提蒂的政治活动我们几乎一无所知，但有一点毫无疑问——她拥有巨大的权力。

▼ 阿玛尔纳风格

在阿肯纳顿和奈费尔提蒂生活的宫殿的墙上和地面上雕刻有许多装饰性的画面。这些以新的艺术风格手法雕刻的画面描绘了宫廷日常生活的场景。如左面画中的这两位公主。

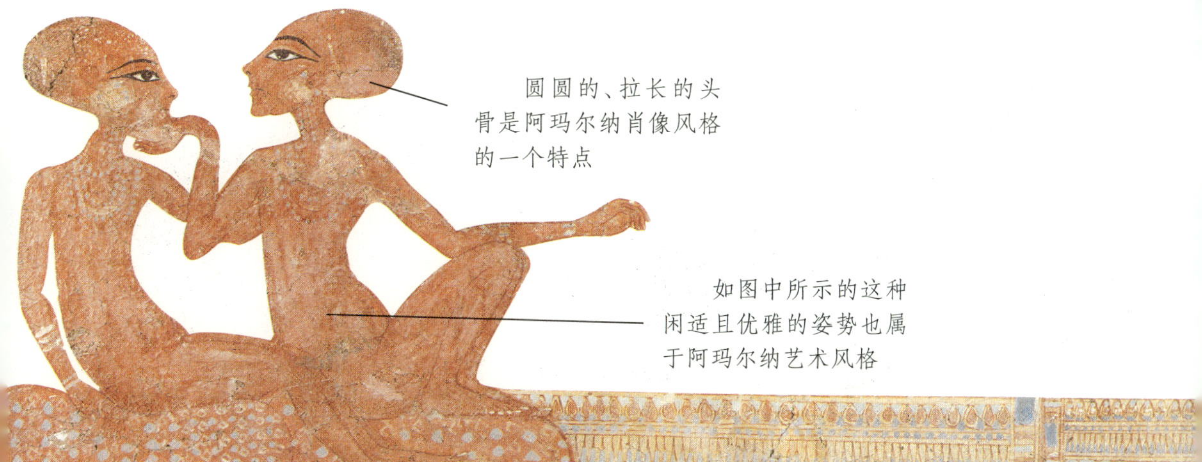

圆圆的、拉长的头骨是阿玛尔纳肖像风格的一个特点

如图中所示的这种闲适且优雅的姿势也属于阿玛尔纳艺术风格

▶ **帝王美人**

当代作家将奈费尔提蒂描绘为“具有无限魅力的贵族女性”，并且“十全十美”。毫无疑问，她的绝世美貌在宫廷掀起了巨大风浪。艺术家以多种形式表达了对她的敬意。

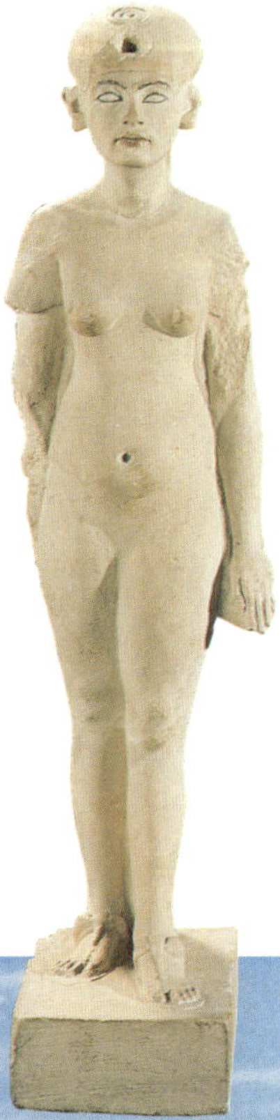

▼ **阿克塔顿大墓地**

在法老阿蒙霍特普四世统治的第五年，也就是公元前1348年，法老通过更名为阿肯纳顿（根据太阳神阿顿的名字所改）而进行了宗教改革。他命令在一个非常重要的天文基线地区建造一座新都城——阿克塔顿，意思是阿顿的地平线。今天，这个地区名为代尔艾尔阿玛尔纳。这幅照片展示的是这座城市的大墓地，在这里发现了25座古墓，其中一座是埋着阿肯纳顿石棺碎片的皇室墓葬。奈费尔提蒂的墓地尚未被发现。

在艺术作品中经常描绘奈费尔提蒂从皇宫阳台向官员们分发礼品，或者是站在战车上挥着权杖刺杀敌人。

这些权力的象征传统上都只属于法老，但是在阿肯纳顿统治期内，很多传统都被颠覆了。甚至在宗教仪式上奈费尔提蒂与她的丈夫并排站在一起。她的权力和绝世的美貌使她终生都被人们作为首府阿克塔顿的母亲女神和保护女神来崇敬。

终极权力

公元前1340年左右，奈费尔提蒂消失了。她也许死去，或者被阿肯纳顿另一个妻子所取代了。但是另外一种可能是她在阿肯纳顿统治的最后时期把名字改为阿蒙克卡拉（Amenkhkara），并与法老联合摄政，然后在阿肯纳顿于公元前1336年去世后成为法老。旧秩序在图坦卡蒙（公元前1336—前1327年在位）统治期内被恢复，阿克塔顿很快被废弃，之前的诸神也被恢复敬拜。奈费尔提蒂的名誉和其丈夫的名誉同时遭到诋毁。

▶ 时尚的女性

奈费尔提蒂的浮雕或雕像中常常穿着那个时代的流行服饰。这个阿肯纳顿时期的雕像展现了一位女性——奈费尔提蒂或她的某个女儿——身穿当时的典型长袍。这件长袍是由类似薄纱那么薄的打了很多褶皱的亚麻制作的。

尽管雕塑者运用艺术元素增加了褶皱，但这件长袍还是充分展示了穿着者的身形。

这件简单的长袍外披了一条披肩，披肩在胸下系住。出席皇宫正式宴会时，披肩也可作为头巾。

太阳神阿顿

阿顿经常以一个太阳圆盘的形象出现，表示阳光普照大地。他在阿玛尔纳时期被作为唯一的神灵敬拜，而古埃及的所有其他神灵都被排除在外。

阿顿照耀着王室成员，光线照射的是象征生命和活力的T形十字章

法老阿肯纳顿被描绘为一个憔悴的、雌雄同体的形象

脚垫为穿着凉鞋的法老提供舒适度

奈费尔提蒂的女儿们被刻画成小尺寸的成年人。这对皇室夫妻育有6个女儿，没有儿子

框架的中楣由刻成纸莎草根部的圆柱组成

新王朝时期(公元前1550—前1069)

图坦卡蒙

1922年,图坦卡蒙的墓葬被打开,从此他名满天下,其实在那之前,图坦卡蒙是埃及最名不见经传的法老之一。

图坦卡蒙(公元前1336—前1327年在位)的统治处于阿玛尔纳末期。在阿玛尔纳时代,阿肯纳顿创立了一个崭新的异端宗教来供奉和敬拜太阳神阿顿,他还建造了一座名为阿克塔顿的都城。图坦卡蒙出生于此,他的母亲很可能是阿肯纳顿的一位名叫琪雅的妾室。

转折时期

阿肯纳顿死于公元前1336年。在不为人所知的斯门克卡拉短暂统治之后,一个8岁的孩子成为法老。这个孩子那时叫作图坦卡顿(Tutankhaten)。但是在他统治的第二年,他和他的妻子,阿肯纳顿的三女儿,为了反映阿蒙祭司的复兴的权力而更名为图坦卡蒙和安赫森纳蒙。尽管如此,他的继任者们认为他受到了阿玛尔纳异教的影响而将他的名字从法老名录中删除。当图坦卡蒙还是个孩子时,这个国家由朝臣们以他的名义来统治。

◀ **法老的父亲?**

人们普遍认为阿肯纳顿(左图)是图坦卡蒙的父亲。但是某些铭文显示,阿蒙霍特普三世才是他真正的父亲。小法老可能是阿肯纳顿的弟弟。

◀ **回归传统**

在图坦卡蒙统治的第二年，他正式废除了阿玛尔纳时代的创新。阿顿被废止，人们重新敬拜阿蒙，阿蒙重新被视为埃及位列最高的神灵。很多如图中所示的雕像都以小国王的名义奉献给阿蒙-拉。

▲ **改名字**

赫尔莫波利斯的阿顿神庙一处铭文上首次提到改名过程。他当时叫作图坦卡顿，意思是“阿顿活着的形象”（见上名字徽框）。后来，他更名为图坦卡蒙，意思是“阿蒙活着的形象，南赫里奥波利斯的统治者”（见下名字徽框）。

▲ **有名无实的领袖**

因为年龄太小，图坦卡蒙没有实权。小法老是活着的神，是国家和宗教有名无实的领袖，而埃及的日常事务都由他的维齐尔阿伊（Ay）管理，他是霍伦海布（两人后来都成为法老）时期的大将军，并掌管财务。

埃及真正的掌权者是下面几位：法老的首席维齐尔，“神之父”阿伊，他曾辅佐过阿肯纳顿；大将军霍伦海布；财务官玛雅（Maya）；努比亚总督胡依（Huy）；另一位军人纳克特敏（Nakhtmin）；还有两位维齐尔，名叫尤斯蒙斯（Usemonth）和彭特予（Pentju）。

摄政王们抛弃了在阿玛尔纳的新都城，将政权中心移回至孟菲斯。他们重新开启并且恢复了曾被阿肯纳顿关闭的供奉埃及传统诸神的神庙。底比斯重新被确定为埃及的宗教中心。阿蒙–拉神也恢复了从前的地位，成为众神之首。

战争——弑君者

我们并不知道图坦卡蒙统治的细节。一些古墓场景显示出法老是一位军事将领，尽管他极不可能参加过战斗。但是在他统治期间，霍伦海布曾在叙利亚抗击了赫梯族，并且打了几场胜仗。赫梯人曾在阿肯纳顿统治时期夺取了这一地区的很多领地。

▶ 继任者

阿伊是王位背后真正的掌权人。在图坦卡蒙死去后，阿伊娶了法老的遗孀并自己当上了法老。阿伊曾是阿肯纳顿的一位朝廷重臣。在他的古墓中发现的这块石板（右图）展示了阿伊和两位仆人。他们拉长的头部是典型的阿玛尔纳风格。

▼ 图坦卡蒙纪念碑

少年法老在卢克索神庙留下了自己的印记。他负责装修阿蒙霍特普三世修建的围绕在大柱廊周围的宫廷城墙。浮雕展示了奥帕特节（Opet Festival）的场景。他还为卡纳克建造了一座美丽的雪花石膏斯芬克司像。

图坦卡蒙的死有许多不解之谜，正如他的生活一样有很多疑团。他死于18岁，可能死于谋杀，木乃伊头骨显示出头部曾受过伤。他被仓促地埋葬在一座并不是为他而挖掘的小古墓中，尽管墓中有大量财宝，但都不是在他入殓时放入墓中的，这些都使图坦卡蒙之死更加迷雾重重。

◀ **大将军**

作为军队统领，霍伦海布是在图坦卡蒙宫廷中除阿伊之外最有影响力的人。这幅古墓浮雕显示他因战斗胜利被戴上金项链的场景。他作为法老统治了公元前1323—前1295年间的埃及，并恢复了埃及的秩序。

知识窗

被埋葬的财宝

图坦卡蒙的名字已经从法老名录中被抹去，并且没有出现在任何已发现的阿玛尔纳遗址中。但是在20世纪初期，刻有他名字的物品不断地出现在古董店里。

1917年，考古学家霍华德·卡特(Howard Carter)开始寻找位于帝王谷的这位无名法老的古墓，因为早在1907年，在一处深坑中已经发现了图坦卡蒙墓葬遗存物。卡特发誓，他要将帝王谷墓葬挖掘到岩床。他的努力终于在1922年11月4日得到了回报。挖掘工人发现了一个通往古墓的楼梯。这座古墓中有一条装满碎石的走廊和四个堆满墓葬用品的小墓室。

宝藏包括一尊法老镀金像(右图)，用金、银、象牙和经过雕琢的珍贵宝石做成的家具和珠宝，还有一些日常用品。卡特得出结论：盗贼曾造访过这座古墓，好在没有对古墓造成太大损害。当工人们在岩石上挖掘拉美西斯六世的古墓时在旁边的入口处堆放了挖出的岩石，这样便有效地保护了墓葬，使它没有受到进一步掠夺。

新王朝时期（公元前1550—前1069）

霍伦海布法老

在阿玛尔纳时代末期没有皇室王子能够继承王位。大将军霍伦海布（公元前1323—前1295年在位）接掌了王位。他当时已经是阿伊之下埃及事实上的统治者了。

对于第十八王朝（公元前1550—前1295）最后一位法老霍伦海布的背景，除了他来自埃拉克雷奥波利斯外，我们知之甚少。尽管我们知道他的妻子姆特奈德梅特（Mutnedjmet）很可能是奈费尔提蒂的妹妹，但还是不知道他父母的名字。如果一些埃及古物学家的观点是对的，霍伦海布和军官帕特纳姆赫布是同一人的话，那么，他的军旅生涯应该开始于阿肯纳顿时期，而以霍伦海布的身份出现在图坦卡蒙统治时期，并被任命为法老的代理人。

军人和政客

霍伦海布领导的军事远征加强了被赫梯人威胁的边界，并且陪同图坦卡蒙征战巴勒斯坦。通过军事战役和精明的对外政策，霍伦海布成功地打击了赫梯人在埃及的影响力。在图坦卡蒙和阿伊（公元前1327—前1323年在位）死后，由于他们没有男性继承人，霍伦海布自己登上了王位。

▶ 名字徽框

霍伦海布改用不同的名字因其信仰不同的神灵。在左边的名字徽框中，他的名字是“拉的形象和选择是神圣的”；在右边的名字徽框中，他的名字是“霍伦海布，阿蒙之爱”。

▲ 军人霍伦海布

霍伦海布是“两个国家君主军队的伟大将领”。他在阿肯纳顿统治时期的成就虽然不能确定，但可以肯定的是他在图坦卡蒙统治时期一定是一位伟大的将军。这幅在萨卡拉霍伦海布古墓发现的浮雕展示了一辆战车和一队士兵。在他统治时期，霍伦海布的周围都是曾帮助他从一位将军升级为法老的军事将领们。他将非常重要的祭司要职交与这些军人，这使他牢牢控制了强大的阿蒙祭司。

► 在阿蒙的统治下

霍伦海布继续了图坦卡蒙对于阿玛尔纳时期建立起的旧秩序的恢复。他重新引入了古老的宗教，特别是阿蒙神教，以此来证明他是一个建立玛特女神（世界秩序）的真正法老。

阿蒙的祭司们一定很乐于见到霍伦海布掌握政权，因为在他继承王位后不久，他的法老头衔就在卡纳克的奥帕特节上得到了阿蒙的批准。

在出土的一对雕像上所刻的霍伦海布和他妻子的加冕礼铭文表明，他受赫鲁斯的保护，并且得到了阿蒙的批准。铭文进一步表明霍伦海布重新修制被损坏的旧神灵的雕像，并且将失修的神庙进行了重建。对于阿蒙神教，“他从军队精英中为它挑选了侍奉的仆人和读经的祭司”。从卡纳克一块石板上刻的一部法令上看出，他又一次确认了要恢复旧秩序。

第二座古墓

在继承王位之后，霍伦海布直接在帝王谷建造了一座古墓，废弃了他早前在孟菲斯建的古墓。霍伦海布的墓室是用《门之书》（*Book of Gates*）中的场景来装饰的，这些场景第一次用来装饰皇家古墓的墓室。霍伦海布指任职业将军帕拉梅西斯（ Parameses ）为他的继承人。后者作为拉美西斯一世在公元前1295—前1294年掌权。

▶ 卡纳克的阿顿浮雕

霍伦海布是否真的结束了阿玛尔纳时期我们无从考证，但反传统主义在他死后开始了。霍伦海布确实拆除了位于卡纳克的波尔-阿顿神庙，然后用波尔-阿顿神庙的石块在阿蒙神庙建造了一座塔门。因此，这些石块上的阿玛尔纳时期浮雕被完好地保存了下来。

▼ 军事战役

作为一名将军，霍伦海布在图坦卡蒙统治时期领导过几次军事战役。战俘的形象出现在他位于萨卡拉的古墓中。浮雕显示近东和赫梯的男男女女们戴着手铐，由埃及守卫引领着。手铐用绳子拴在了战俘的脖子上，这样他们就无法移动双臂和手。

▼ 霍伦海布的洞穴神庙

当上法老后，霍伦海布接管了很多建筑并将它们扩建或重建。例如，他扩建了位于卡纳克的阿蒙神庙，并且扩大了工人们在德尔麦迪纳地区居住地的规模。在底比斯之外，他在吉伯尔艾西尔斯拉建起了一座洞穴神庙。这座神庙用来供奉西班3位神灵——阿蒙、姆特和孔斯（Khons），同时也献给索贝克（Sobek）、塔瓦瑞特（Taweret）和他自己。

霍伦海布身着高级官员典型的褶皱亚麻长袍，他让人将自己的形象绘制在供桌前

霍伦海布手持高官的长杆和权杖，通过后来加上的蛇形标志我们才能够确定他的法老身份

蹲在架子上的贝努鸟被认为是死者的保护者，并且是拉神的灵魂

站在贝努鸟后面拜神的人是图中唯一没有蛇形标志的人

新王朝时期（公元前1550—前1069）

拉美西斯大帝

拉美西斯二世是最伟大的古埃及国王之一。他统治了埃及66年，这一时期也是埃及政治经济较强势的时期。

拉美西斯二世是第十九王朝的第三位法老，从公元前1279—前1213年统治埃及。他的雕像和木乃伊显示他是一个英俊有威严的男子。他身高约1.8米，而当时埃及人的平均身高刚过1.5米。

他在很多方面都表明他是一个传奇人物。当时大部分人的寿命都不长，而他死时八十多岁。他还生育了很多孩子——官方记录显示，他儿子女儿加起来超过100人，而这些还只是他“正式”婚姻所生的孩子。

▼ 建造者——拉美西斯大帝

在登基即位后，每一位法老都会建造一系列建筑。然而，拉美西斯大帝是所有法老中最伟大的建造者，无人可比。他位于底比斯的拉美西斯神殿就像一座大城市。在这里，一个巨大的拉美西斯二世花岗岩头像摆放在4根巨大的石柱前面。这些石柱上雕刻有欧西里斯神的形象。

▲ **王衔**

拉美西斯的王衔User-Maat-Ra（“拉的正义是强大的”）的象形文字刻在这个椭圆形的名字徽框中。以后的许多国王都为自己取了这个名字——拉美西斯。

► **拉美西斯二世和权力**

这尊黑色花岗岩雕像塑造了年轻时的法老。他头戴一顶类似头盔的皇室头饰，即蓝色王冠。他手中握着象征政权的钩子。雕像基座上刻有9张弓，象征着被埃及击垮的9个敌人。

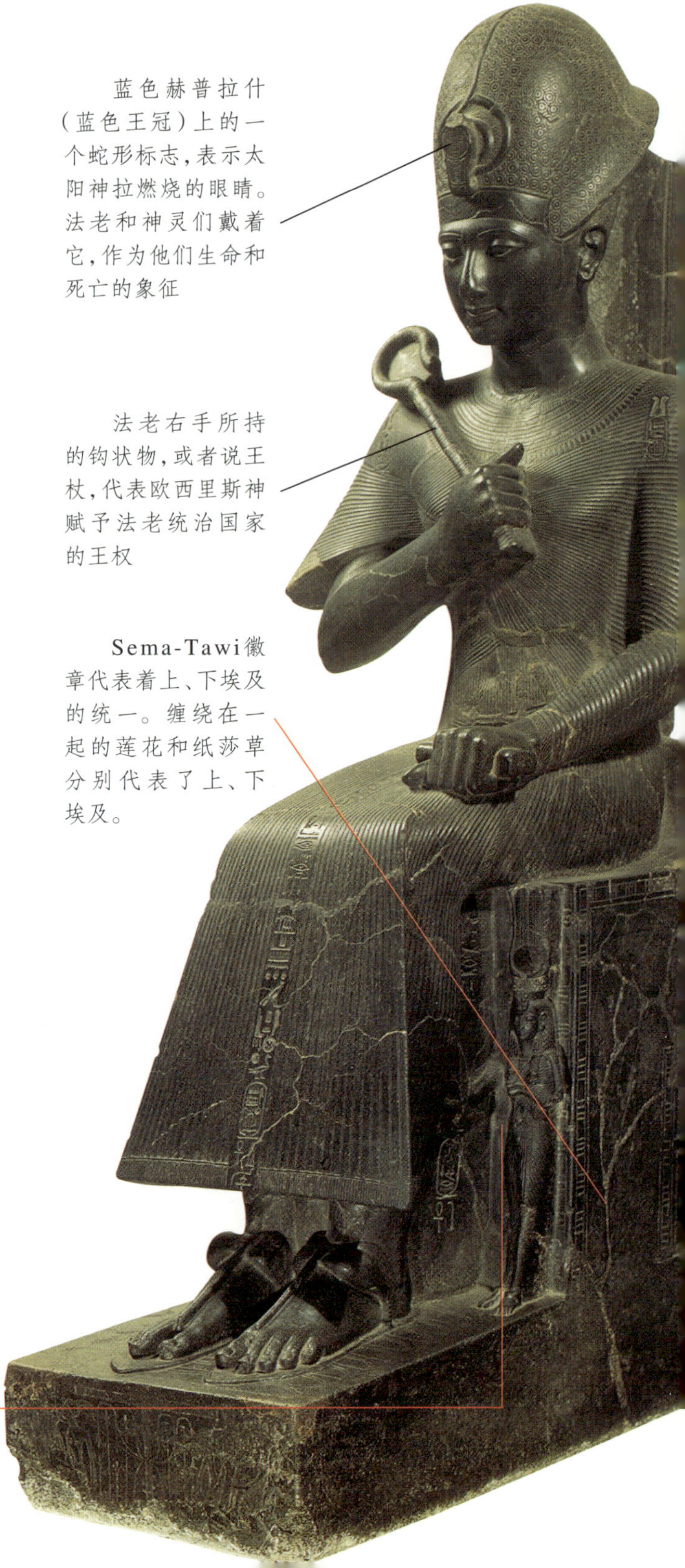

蓝色赫普拉什（蓝色王冠）上的一个蛇形标志，表示太阳神拉燃烧的眼睛。法老和神灵们戴着它，作为他们生命和死亡的象征

法老右手所持的钩状物，或者说王杖，代表欧西里斯神赋予法老统治国家的王权

Sema-Tawi徽章代表着上、下埃及的统一。缠绕在一起的莲花和纸莎草分别代表了上、下埃及。

这里展示的是拉美西斯二世的王后纳弗尔塔利（Nefertari）的形象。在另外一面刻有拉美西斯二世一个儿子的形象

▶ **武士拉美西斯**

意大利埃及古物学家伊波利托·罗塞里尼（Ippolito Rosellini，1800—1843）在阿布辛贝大神庙中获取了这幅浮雕。浮雕显示了坐在战车中的法老，战车旁边伴有一头被驯服的猎豹。

他有8位妻子（其中至少有两位是他的女儿），他最宠爱的妻子纳弗尔塔利是最为人熟知的。拉美西斯二世在阿布辛贝（Abu Simbel）为纳弗尔塔利建造了一座宏伟的神殿，还在王后谷为她建造了一座装饰华丽的古墓，这是埃及最漂亮的古墓之一。

武士、政治家和建筑者

从青年时代起，拉美西斯二世在战场上就展示出了过人的才能。在他长期的统治中发生过几次军事战役，最著名的战役就是在叙利亚抗击赫梯族的卡迭石战役。这场战役促成了当时两个最强大国家之间首个和平协议的签署。

在拉美西斯二世统治期间，埃及的经济繁荣起来，与中东和爱琴海岛屿的商人们开始密切的贸易往来。外国人纷纷移民定居在此，同时外国词语也融入古埃及语言中。埃及人也开始敬拜外国神灵，比如叙利亚的一位神灵巴力。

另外，埃及作为世界强国的地位得到了加强，它的疆土延伸到东部的叙利亚和南部的努比亚。由于埃及国内外的稳定局势，拉美西斯二世在他统治的最后三年开始建造宏伟的建筑来彰显埃及的财富和权力。

他在整个埃及范围内建造了大量的神庙，其中最为著名的是阿布辛贝神庙。其中的拉美西斯石窟墓穴中有4座他本人的巨型雕像。这4座雕像的雕塑方法非常特别，使得4座雕像无论在何种光线下都十分显眼。法老还在尼罗河三角洲东部建立了一座新都城，叫Pi-Ramesse，或称为拉美西斯之城。根据描述，这座城市有着无可比拟的美。

▶ **纳弗尔塔利的名字徽框**

在皇室铭牌中，纳弗尔塔利的名字是以“美丽”和“最美丽”的意思出现。名字后面跟着她的头衔——“玛特的挚爱”。玛特是阿蒙神的妻子。

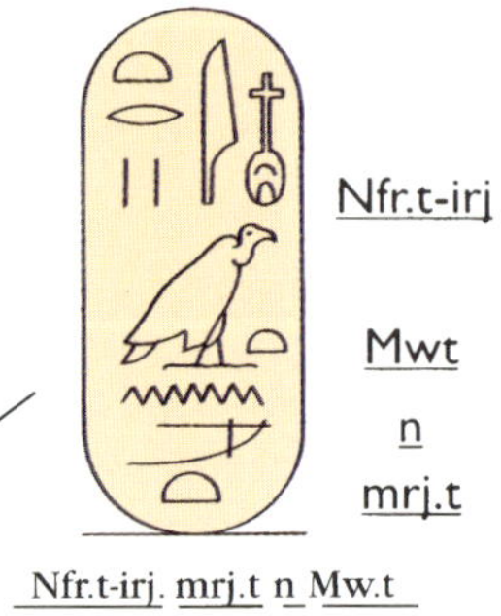

◀ **王后纳弗尔塔利**

王后纳弗尔塔利是拉美西斯二世的正房妻子，也是他最挚爱的妻子。他为她建造了很多建筑，其中就包括在阿布辛贝的小却精致的神殿。

这幅壁画来自纳弗尔塔利位于王后谷装饰美丽的古墓，壁画中的她在玩一种类似于国际象棋的木板游戏。她身着一件白色亚麻长袍。她头冠上的秃鹫代表上埃及女神奈库贝特，她和眼镜蛇女神一样，都是皇权的保护者。

▶ **拉美西斯二世和纳弗尔塔利的神庙**

拉美西斯二世在下努比亚地区的阿布辛贝建造了两座巨大的岩石神庙。照片左面是拉美西斯大神庙，大神庙的每一个入口都立着4座法老的巨型雕像。右边小一些的神庙供奉着王后纳弗尔塔利和哈索尔女神。在20世纪60年代，这两座神庙被转移到高地，以保护它们不被阿斯旺水坝淹没。

卡迭石战役

公元前1247年，埃及和赫梯族人在卡迭石城进行了一场大战役。战后双方均声称自己获胜。拉美西斯二世在很多神庙浮雕和资料中都展示了这场辉煌的胜利。

卡迭石城位于今天的叙利亚，人们争夺卡迭石城是因为它战略性的地理位置。它位于幼发拉底河至地中海的贸易通路上。拉美西斯二世的父亲塞提一世（Sety I，公元前1294—前1279年在位）早前就征服过这座城邦。然而他将军队撤出后，卡迭石又陷入了埃及的强大对手——赫梯族人的手中。这些来自安纳托利亚（今土耳其）的人控制了叙利亚北部和大部分的中东地区。

在拉美西斯二世统治的第四年，他出兵至埃及东北部，夺取了迦南（Canaan）、尤皮（Upi）和阿姆拉（Amurra）3个省份，并决定在来年春天逼近卡迭石。他的2 000名士兵被分成了4部分，以4位神灵的名字命名，分别是阿蒙、普拉（Pre）、布塔（Ptah）和塞特。他的军队中还有一支精英部队那阿尔恩（Na'arn），被部署在北部的腓尼基海岸。

▶ **狮子般的勇气**

埃及在对这次战役的记载中提到拉美西斯二世显示出了“狮子般的勇气”，因为他独自抗击了赫梯游牧部落。

▶ **赫梯士兵**

虽然埃及人将这场战争结果描述为埃及大获全胜，但是由于赫梯将军的指挥和赫梯士兵的勇敢，双方都没有占据上风。右面的浮雕展示出赫梯士兵用头盔、矛和盾武装自己。

◀ **一座中东部堡垒**

埃及人将他们中东部对手的防御工事描绘成塔状的建筑，必须用弓箭才能攻克。

拉美西斯二世及其四路部队最终抵达了距离卡迭石很近的奥朗提斯河（Orontes River）。他们在这里抓住了两个贝都因人，他们谎称赫梯人的部队驻扎在很远的地方。拉美西斯二世陷入了圈套，带领他的阿蒙分队横跨奥朗提斯河去攻城。

赫梯国王姆瓦塔利斯（Muwatallis）带领3.7万名步兵和3 500辆战车越过奥朗提斯河击垮了匆忙赶往前线的普拉分队。姆瓦塔利斯军队随后伏击了阿蒙分队，并击溃了大部分士兵。拉美西斯二世瞬间四面楚歌，身边只有几个保镖。《潘道尔之歌》（*Poem of Pentaur*）中的很多故事都告诉我们拉美西斯二世是如何直面敌人，并且赤手空拳击退赫梯人的。事实上，那阿尔恩精英部队及时赶到了海岸，从背后袭击了赫梯人并救出拉美西斯二世。这使得埃及人能够重整塞特和普塔赫分队并北上与残部会合。

埃及士兵带着盾牌、长矛和战斧

射登（Sherden）雇佣兵们是法老的保镖，可以通过他们所带的圆形盾牌和角状头盔被识别出来

《潘道尔之歌》

这是一幅阿布辛贝神庙中彩色浮雕的复制品。对拉美西斯二世的赞颂是反映卡迭石战役不同阶段的很多作品的基调。类似作品可以在阿拜多斯、卢克索、卡纳克和西底比斯地区的拉美西斯神庙中见到。大部分作品都展示了拉美西斯二世用左边训练有素的埃及人来重击右边未经训练的赫梯人。

战争最后没有任何决定性结果。双方达成了停火协议，埃及人撤军并返回家园。双方都声称自己获得了战争的胜利。赫梯人很快便重新占领了阿姆拉和尤皮两个省份，只剩下迦南省还被埃及人统治着。尽管如此，拉美西斯二世自我宣传的本领使得他的“胜”举在他死后仍被人们记得。

15年后，双方签署了和平协议。这是历史可考的首个此类协议。双方联合出兵攻打了对他们构成新威胁的亚述人。拉美西斯二世通过迎娶赫梯族公主而加强了双方的联盟。这桩婚事在阿布辛贝神庙的婚礼石碑上有所记载。

知识窗

赫梯帝国

赫梯人是印欧人。他们可能源自俄罗斯南部，并于公元前3000年左右移民到安纳托利亚。大部分赫梯人是自由农民和商人，他们生活在城邦联邦内部。这些城邦在公元前16世纪构成了赫梯帝国。他们很快将统治扩展到安纳托利亚，并向南延伸到今天的大马士革（Damascus）南部和底格里斯河（River Tigris）东部。

在阿肯纳顿统治时期，埃及对外政策很弱。赫梯人获得了对南部直到叙利亚和巴勒斯坦地区的控制，并骚扰当地的埃及人。在塞提一世和拉美西斯二世统治时期，埃及帝国得到了加强，赫梯人的扩张被终结了。赫梯帝国的优势地位在地中海移民和亚述人的入侵与进攻下结束了。赫梯重要城市哈图萨（Hattusa，下图所示）距离今天的安卡拉约200千米。在国王拉伯纳二世（Laburna II）统治时期，哈图萨是其帝国首府。

新王朝时期（公元前1550—前1069）

海上民族

公元前12世纪，来自爱琴海岛屿和位于如今土耳其南部海岸地区的一队松散的盟军队伍试图袭击埃及，但却遭遇了拉美西斯三世手下强大精良部队的反击。

海上民族是一个由移民组成的联邦，埃及人给他们取名“海上民族”。他们组成一支盟军入侵并定居于希腊和近东地区。他们第二次袭击埃及正值拉美西斯三世（公元前1184—前1153 年在位）统治时期。这时海上民族很可能已经击垮了赫梯帝国。他们已经摧毁并洗劫了叙利亚-巴勒斯坦的几座沿海城市，并打算进攻埃及。拉美西斯三世反应快速，他集结了全国的军队并向士兵分发皇室军工厂的武器。拉美西斯三世是一位智慧而富有经验的军事策略家，他带领军队进入巴勒斯坦，在入侵者到达埃及边境前对他们进行了阻击。

► **屠杀战俘**

拉美西斯三世用手抓住战俘的头发，在战俘讨饶之时将其杀死。

▲ **麦迪那哈布**

底比斯麦迪那哈布神庙的外墙上刻画着拉美西斯三世与海上民族进行水陆交战的场面。

► **拉美西斯三世**

拉美西斯三世是埃及最后几位伟大法老之一。和拉美西斯二世一样，他建造了很多神庙。他也是一位伟大的军事策略家，这一点可以在他彻底打败海上民族中展示出来。

拉美西斯三世非常了解海上民族将陆路与海路进攻相结合的策略，并且作好了万全准备。海上民族的行进速度由于携带家眷和财物而受到拖延。他们在陆地上遭到了埃及军队快速而果断的打击。海上民族部署在加萨附近海岸的随行舰队也无法与拉美西斯三世的军队相比。埃及弓箭手向敌船齐射弓箭，并且将其攻陷。这场激烈的战斗在麦迪那哈布法老神庙的墙壁上得到了展示。埃及军队在陆地上取得胜利后很快在海上也取得了胜利。没有在战斗中死去的敌人则成为战俘，其中很多人后来定居于底比斯，并最终成为一个强大的团体。

菲利斯汀人（Peleset）戴着插有羽毛和马毛的头盔

来自撒丁岛的射登人（Sherden）戴着扁平有角的头盔

埃及士兵拿着木质盾牌，挥舞着棍棒保护自己

埃及船只的船首是狮子头形状。狮爪钳着一个西亚人的头颅

此人的穿着与其他埃及人不同。他戴着头饰，围着缠腰布，很明显是敌军士兵

▲ 与海上民族海战细节

这块位于麦迪那哈布神庙的浮雕是已知的最早记录这场海战的浮雕。埃及人手拿棍棒、长矛和盾牌包围了敌军的舰队，攻陷敌船，对敌人进行了无情打击。这块浮雕描述了这场海战的细节。

知识窗

利比亚战役

拉美西斯三世除了击退海上民族的进攻外，还驱逐了威胁埃及西部边境的利比亚游牧民族。一共进行了两场战役，第一场发生在他统治的第五年，第二场发生在第十一年。这两场战役成功击退了利比亚人，保卫了埃及的国家安全。

第二场战役非常艰苦。拉美西斯三世迎战的利比亚军队由一位名叫梅舍尔（Mesher）的将军统领。然而，双方在孟菲斯附近的遭遇战还是以拉美西斯三世的胜利而告终。梅舍尔在战役中被俘。

下图的浮雕来自麦迪那哈布神庙，描绘了梅舍尔带领一队战俘从法老身前走过。

第三过渡时期（公元前1069—前747）

祭司法老

新王朝在拉美西斯十一世死后便结束了。第二十一王朝的法老们从公元前1069—前945 年在塔尼斯统治着埃及北部，而在底比斯的阿蒙神殿，最高祭司们控制着埃及南部。

拉美西斯十一世（公元前1099—前1069 年在位）是新王朝的最后一位法老。他在即位的第十九年才真正开始统治国家。一位名叫埃里霍尔（Herihor）的利比亚将军是上埃及地区最重要的人物，他是埃及最富有的神庙卡纳克的最高祭司，也是埃及南部的维齐尔，埃及军队库什（Kush）的总督。下埃及地区的维齐尔斯门德斯（Smendes）有效地统治着三角洲地区。

权利陷阱

埃里霍尔（大约公元前1080—前1070年在位）毫不犹豫地赋予了自己法老的徽章和特征。他的名字出现在被皇室名字徽框包围的墙壁上，他的形象出现在卡纳克神庙描绘阿蒙神教的浮雕中。他接管了人身使者这一角色，而这通常由法老承担。在一幅浮雕中，他头戴双重王冠。

► 卡纳克的阿蒙

图中所示右边是西班的阿蒙神。他正与辛努塞尔特一世面对面。在中古时期，阿蒙神成为皇室王朝和国家的神。每一位新上任的法老都会扩建并修缮位于卡纳克的阿蒙神庙，使得阿蒙神庙成为古埃及最富有的神庙。阿蒙神的最高祭司们在埃及有着巨大的政治和军事权力，并且从最高祭司屏奈杰姆一世（Pinudjem Ⅰ，公元前1070—前1030在位）起就成为上埃及的君主。

埃里霍尔死于公元前1070年，死在了拉美西斯十一世之前。据说上埃及的军队首领皮安克斯（Piankhi）随后成为阿蒙神最高祭司。这一职位被他的儿子屏奈杰姆一世继承。然而最新研究却显示了另一种情况：皮安克斯是埃里霍尔的前任，而屏奈杰姆一世是埃里霍尔的儿子。屏奈杰姆一世通过迎娶赫努塔薇（Henuttawy）使自己的位置合法化。赫努塔薇的父亲斯门德斯（公元前1069—前1043年在位）是第二十一王朝的缔造者。

王朝婚姻

在斯门德斯统治的第十六年，屏奈杰姆宣布成为埃及法老。屏奈杰姆的一个儿子作为苏森尼斯一世（Psusennes I，公元前1039—前991年在位）统治着塔尼斯。屏奈杰姆的另外两个儿子分别是玛莎拉塔（Masharata）和蒙克赫皮尔（Menkheppere）。祭司这一职位便从蒙克赫皮尔这一支一直传承下去。蒙克赫皮尔娶了他哥哥苏森尼斯一世的女儿为妻。尽管诸位阿蒙神最高祭司和塔尼斯法老之间有着很强的血缘关系，南北埃及仍继续二分而治。

▲ 最高祭司埃里霍尔

埃里霍尔的统治相对较短，但是他却监督了卡纳克孔斯神庙多柱礼堂和柱廊庭院的建成。他的古墓还未被发现，只发现了这本《死亡之书》。书中他被描绘成一位头戴蛇形标志的法老，同时还发现了一个刻有他名字的手镯。

▲ **木乃伊隐匿处**

位于帝王谷的很多皇室古墓随着新王朝法老权力的衰落而受到了劫掠。屏奈杰姆一世命令将几具木乃伊和被掠夺过的古墓中剩下的墓葬财宝转移到一个安全的隐匿之所。最终有12位法老木乃伊被藏在了德尔巴利的一个古墓中。后来在曼图霍特普二世古墓中又发现了8具。

屏奈杰姆一世将自己的名字徽框刻在了拉美西斯二世的腰带上，宣布这座雕像属于他

法老腿部立着的女性小雕像是拉美西斯二世的妻子

► **屏奈杰姆一世**

埃里霍尔死后，斯门德斯（公元前1069—前1043年在位）与最高祭司屏奈杰姆一世分享对古埃及的统治权。屏奈杰姆一世于公元前1053年和埃里霍尔一样接受了皇室头衔及礼节。他还通过侵占卡纳克第二塔门北部的这座拉美西斯巨大雕像而宣布自己对皇室雕像的所有权。

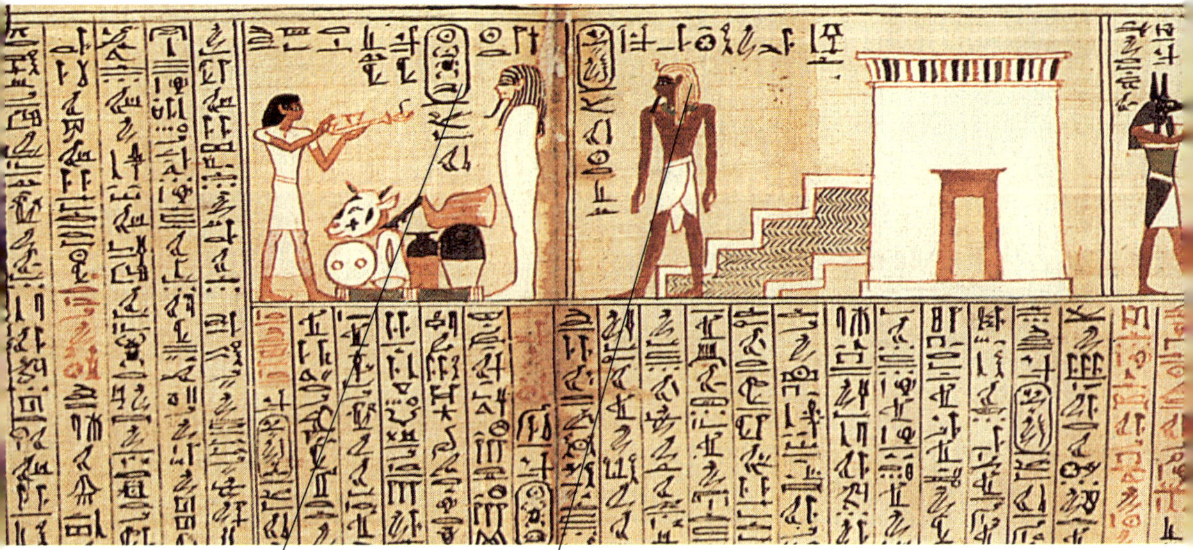

屏奈杰姆一世的王衔赫伯尔卡拉(Kheperkaura)写在了站立着的法老木乃伊前面的名字徽框中

图中屏奈杰姆一世站立在他的坟墓前,戴着法老的头巾、围着缠腰布

▲ **屏奈杰姆一世的《死者之书》**

在第二十一王朝时期,新王朝法老们的遗体被转移到了德尔巴利的新处所,同时被转移的还有一百多具西班祭司的木乃伊,其中就包括屏奈杰姆一世。在他的木乃伊旁边发现了这本保存完好的纸质的《死者之书》。这本书现在存放于开罗的埃及博物馆内。

◀ **三角洲法老们**

第二十一王朝的法老们统治着三角洲地区,而祭司王朝在底比斯进行着更迭。在塔尼斯进行统治的最为出色的法老之一是西班最高祭司的儿子屏奈杰姆和妻子赫努塔薇所生的儿子苏森尼斯一世。赫努塔薇是塔尼斯首位国王斯门德斯的女儿。

第三过渡时期（公元前1069—前747）

王位宝座上的利比亚人

利比亚人统治埃及始于舍松契一世（Shechong，公元前945—前924年在位），开启了自拉美西斯三世后埃及短暂的复兴。

在第二十王朝期间，利比亚人已经在三角洲地区形成了一个强大的外国雇佣兵殖民地。第二十一王朝法老苏森尼斯二世（公元前959—前945年在位）死后，利比亚将军舍松契夺取了政权并建立了第二十二王朝。为了使其政权合法化，他娶了苏森尼斯二世的女儿为妻并任命他的儿子伊乌普特（Iuput）为上埃及地区的统治者、阿蒙神的最高祭司，同时也是埃及军队大将军。

为了再现埃及从前的荣耀，舍松契一世重新与毕勒劳斯（Byblos）建立了贸易联系，并且派遣军队进入巴勒斯坦，很可能洗劫了圣城耶路撒冷，抢夺了大量财宝作为贡品。这使埃及在亚洲重新建立起了从前的边界并且充实了国库。位于卡纳克的舍松契一世欢宴宫廷的外墙浮雕记录了他在叙利亚–巴勒斯坦地区取得的胜利。

▶ **王朝的创建者**

舍松契一世，一位“伟大的梅什维什领导人”，是来自布巴斯提斯的利比亚部落的成员。他将其权力扩展到了塔尼斯和孟菲斯。公元前950年，他占领了底比斯，并且在公元前945年登基。

▲ 利比亚士兵

这幅浮雕描绘了来自利比亚梅什维什部落的士兵形象。他们是古埃及军队中的外国雇佣兵。

► 舍松契二世的石棺

公元前924年，舍松契二世被他的父亲奥索孔一世（Osorkon I，公元前924—前889年在位）任命为底比斯阿蒙神庙的最高祭司。作为王位继承人，他的众多头衔之一是“南北君主”。在奥索孔一世统治的最后一年，舍松契二世与其父亲共同执政。舍松契二世被安葬在塔尼斯皇家大墓地，安放在这口华丽的秃鹫头银质棺材中。

经过20年的统治，舍松契一世宣布他的儿子奥索孔一世为王位继承人。奥索孔一世作为法老继承了父亲的政策并且对孟菲斯、布巴提斯和卡纳克的神庙进行了扩建和装修。他宣布儿子舍松契二世为继承人，后者与其父亲共同执政了一年。奥索孔一世另外一个儿子是他和妾室所生，即塔克罗特一世（Takelot I，公元前889—前874年在位）。他在舍松契二世之后继承了王位。下一任法老奥索孔二世（公元前874—前850年在位）是一位伟大的建造者。他重建了埃勒芬蒂尼的神庙，修缮了布巴提斯的神庙，并开始在底比斯建造新的神庙。奥索孔二世死后出现了王位继承的问题。他的一个小儿子塔克罗特二世（公元前850—前825年在位）在塔尼斯登基，而他同父异母的兄弟尼姆罗特（Nimlot）作为阿蒙神殿最高祭司在底比斯的权力与日俱增。

▲ **舍松契三世**

舍松契三世在他麻烦不断的统治期内经历了埃及一个世纪统一的终结。他在位的第八年，来自里昂多波利斯的帕迪巴斯特在阿蒙祭司们的支持下宣布自己为法老并创立了第二十三王朝。舍松契三世的权力被限制在三角洲中部和东部的部分地区。

尽头的开始

在第二十二王朝的法老舍松契三世统治期内，埃及政权开始瓦解。利比亚人控制的一些城邦，如里昂多波利斯、埃拉克雷奥波利斯、塞斯和底比斯开始寻求独立。这些城邦因为联姻而联系在一起。帕迪巴斯特（Pedubastis，公元前818—前793年在位）在里昂多波利斯创立了第二十三王朝，与第二十二王朝最后的法老们处于同一时期。与此同时，巴肯雷讷夫（Bakenrenef）创立了短命的第二十四王朝（公元前727—前715）。这种混乱局面使得法老库希特（Kushite）、皮伊（Piy）短暂地统一了埃及并创建了第二十五王朝。

一个戴着上埃及王冠的巨大雕像立在宏伟的大门前方

位于塔尼斯的皇家大墓地被阿蒙神庙的围墙包围着

法国埃及古物学家们重建了舍松契三世大门的遗迹

神庙石块来自三角洲地区某些地方，大部分来自堪提尔（Qantir）

► **塔尼斯遗址**

第二十二王朝统治者将之前第二十一王朝的首府塔尼斯作为皇家居住地，这里距离他们的家乡布巴提斯非常近。1939年，法国埃及古物学家皮埃尔·蒙泰（Pierre Montet）发现了第二十一和第二十二王朝时期6位法老的地下古墓，里面放满了华丽的墓葬用品。

◄ **被分割的土地**

在第二十二王朝末期，埃及被分裂成了几个有影响的地区：在底比斯，阿蒙神的最高祭司掌握大权，竞争王位；第二十二王朝的法老们居住在布巴提斯和塔尼斯；而第二十四王朝在三角洲西部城市塞斯进行统治。总督浮雕发现于埃拉克雷奥波利斯。第二十四王朝得到了埃拉克雷奥波利斯总督们的承认。

埃及的波斯人

波斯的阿契美尼德（Achaemenid）帝国曾是一个部落。它的核心地区位于今天的伊朗。这一帝国在公元前第六世纪迅速发展壮大，并在公元前525年侵吞了埃及。它一直都是一个波斯省，直到公元前404年。

公元前664年，在利比亚人控制了埃及，来自库什国的努比亚人征服了埃及，亚述人短暂侵入埃及之后，埃及人在来自三角洲城市塞斯（Sais）的一个王朝统治下重新获得了独立。塞特（Saite）法老们于公元前664—前525年重建帝国，并且鼓励埃及艺术的复兴。他们与希腊人建立了亲密关系。一些希腊人成为埃及军队的雇佣兵。埃及还与腓尼基（Phoenician）人建立了联系，后者在航海事业上对埃及帮助很大。

最后一位塞特法老普萨美提克三世（Psamtek III）在公元前526年登基。他只统治了6个月就被波斯国王冈比西斯二世（Cambyses II，公元前525—前522年在位）击垮，并夺取了埃及的控制权。冈比西斯二世是在贝都因人的引导下穿过西奈占领埃及的。战败的法老被带到波斯首府苏塞（Susa），并被处以死刑。冈比西斯二世在塞斯即位时沿用了埃及法老的头衔。第三世纪的埃及历史学家曼涅托（Manetho）认为他是第二十七王朝的首位法老。

▲ **达瑞尔斯（Darius）的名字徽框**

波斯统治者从未在埃及居住，却成为埃及浮雕的主题之一。在浮雕中，他们身着长袍，接受法老头衔。希比斯（Hibis）神庙的名字徽框中赋予达瑞尔斯一世一个赫鲁斯式名字（意思是“拥有有效意志能力”）和王衔。

政治上十分狡猾的冈比西斯二世谋求埃及贵族的支持。他认同埃及的信仰，并且大力支持神庙的建造，以降低波斯最大敌人希腊人在波斯日益增长的影响力。

冈比西斯二世将埃及作为波斯帝国的一个总督辖地或者说是一个省份。公元前522年，他任命了首任总督阿里安德斯（Ariandes）。总督在孟菲斯进行统治。在冈比西斯二世继任者达瑞尔斯一世（公元前522—前486年）统治时期，阿里安德斯“自助式”的统治风格把埃及带到了动乱边缘。总督超越权限，竟铸造并发行了自己的货币。达瑞尔斯将其处死，并制定新政策来管理这一省份。他改革了法律系统和官僚机构，并且监督完成了连接尼罗河和红海的隧道。

▼ 风格合成

阿契美尼德法老们在深入波斯腹地的苏塞和波塞波利斯（Persepolis）统治埃及，但是埃及文化有时也影响了他们。波塞波利斯的达瑞尔斯一世宫殿的传统波斯装饰在埃及、希腊和美索不达米亚主题的影响下得到了丰富，形成了一个独特的新风格。

▼ 达瑞尔斯一世

波斯人明白，他们只要保持制度，就能够在20片左右的总督辖地维持秩序，收取贡品。达瑞尔斯一世尤其精于此道。他放弃了重建的神庙，并且为阿蒙、欧西里斯和其他卡加绿洲地区希比斯的神灵们建立了一座新的圣殿。

战争与和平

然而，达瑞尔斯的改革热情受到了与希腊之间战争的遏制。波斯于公元前490年战败，埃及又一次开始了反抗。但是达瑞尔斯的继任者薛西斯（Xerxes，公元前486—前465年在位）重建了秩序，并且任命他的兄弟阿塔薛西斯（Artaxerxes）为总督。事实证明阿塔薛西斯的统治非常稳定。他继承薛西斯成为国王（公元前465—前424年在位）并且于公元前460年左右镇压了埃及一次起义。

波斯继续统治埃及25年左右，但是到了公元前404年，起义卷土重来。塞斯的阿米尔泰乌斯领导起义驱逐了新上任的总督阿塔薛西斯二世。阿契美尼德人陷入了王朝混战，争夺对帝国的统治权。

▼ **檐壁上的一队弓箭手**

法国考古学家在1884年和1886年挖掘出了达瑞尔斯一世在苏塞的宫殿遗址，他们发现了这幅浮雕，现存放在巴黎卢浮宫博物馆。浮雕用着色的光滑砖块制成，展现了一队波斯武士带着武器的场景，但他们身上穿的却不是战斗服装而是仪式服饰。他们是名为“不朽”的、由1000人组成的强大波斯精英部队的成员。这支部队也雇佣外国士兵，很多都是希腊人。

在希比斯神庙中，达瑞尔斯被描绘成一位身围短缠腰布、头戴上埃及王冠的法老

朱鹭头的托特和他的妻子娜波梅塔薇（Nebmetaway）正在接受法老的进贡

◀ **希比斯神庙**

利比亚沙漠卡加绿洲地区西比斯的神庙建筑群是现在规模最大、保存最为完好的古埃及末期神殿。神殿供奉着阿蒙和欧西里斯，对几百位埃及神灵进行了描绘。这座神庙始建于塞特法老普萨美提克二世（Psamtek II，公元前595—前589年在位）时期，于达瑞尔斯一世统治期完工并得到修缮。达瑞尔斯出现在浮雕上，正在向埃及众神进贡。这座神庙标志着阿契美尼德帝国最西端的边界。

▼ **对冈比西斯二世的"亵渎"**

希罗多德（Herodotus）和其他古典作家都将冈比西斯二世刻画成对埃及浮雕完全不屑一顾、损毁神庙，并且杀死阿毕斯（Apis）神牛的形象。神牛被葬在下图所示的萨卡拉的塞拉皮雍神庙（Serapeum）。其实，考古发现事实正好相反，在冈比西斯二世统治期间，两头阿毕斯神牛死后受到了隆重安葬，同时在塞斯的奈特神庙也正在重建。

被当作法老的亚历山大大帝

公元前332年末，将波斯人驱逐出尼罗河谷的亚历山大大帝作为解放者受到了埃及人的热烈欢迎并将其视为法老。

亚历山大出生于公元前356年。他是马其顿（Macedonia）国王菲利普二世（Philip II）的儿子。菲利普改革了军队，使其成为最坚不可摧的队伍。而后，他通过一系列的征服战役扩大了王国的版图。公元前338年，他征服了雅典人，完成了对希腊的控制。不久之后，他就让儿子熟悉政务，并且让他参与战争以便学习战争的艺术。菲利普请哲学家亚里士多德来教育自己的儿子。亚里士多德更多地教会了亚历山大建设城邦和科学方面的知识，而非政治和伦理知识。在父亲被谋杀之后，20岁的亚历山大继承了父亲的王位及其野心。

成为希腊联邦首领后，亚历山大开始征服波斯帝国。他先到达小亚细亚（今土耳其），而后在公元前333年的伊苏斯战役中打败了达瑞尔斯三世。征服叙利亚后，亚历山大进入埃及，代替达瑞尔斯成为法老。

来年，亚历山大在尼罗河三角洲和地中海沿岸的交汇处创立了第一个，也是以他名字命名的众多城市中最有声望的城市——亚历山大城。由于它的地理位置，亚历山大城成为繁荣的商业中心和文化中心。

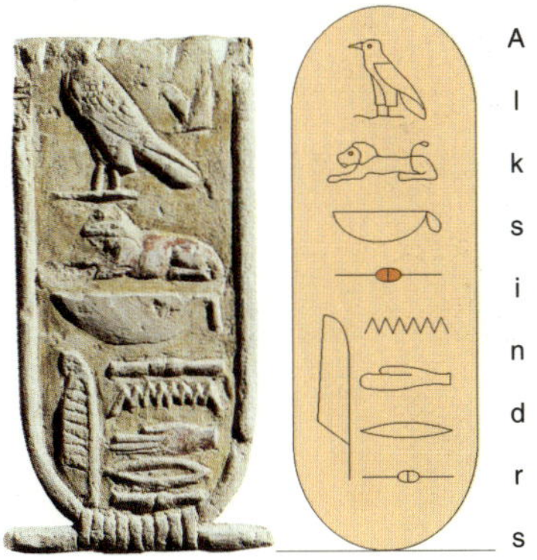

▶ **亚历山大名字徽框**

这个名字徽框中的象形文字从发音上可以翻译成亚历山大的名字。

▼ 建造者亚历山大

亚历山大重建了被波斯人忽视的神庙，并且为供奉埃及众神建造了很多新的纪念碑。在卡纳克附近的卢克索神庙（下图）是他为圣船建造的礼堂。

▼ 亚历山大在埃及

锡瓦之行后，亚历山大在孟菲斯的布塔神庙接受加冕。从祭司到农民，似乎没有人觉得亚历山大是外国人而有何不妥，也没有人因为他整个统治期间都不在埃及而感到烦恼。

◀ 征服者亚历山大

埃及只是亚历山大从波斯人手中夺取的大片土地的一小部分。在他去世时，他的帝国版图从地中海扩展到印度河。在埃及的短短几个月，亚历山大以希腊模式改革了税费制度，并且组织了对埃及的军事占领。公元前331年初，他离开亚洲追击波斯人，没能活着回来。

▶ 敬拜阿蒙神

卢索尔神庙的驳船礼堂被最初绘制的浮雕所装饰。浮雕描绘了法老亚历山大敬拜“父亲”阿蒙-拉神的不同的场景。在这个场景中，他正做着敬拜的动作。

阿蒙神戴着有羽毛装饰的帽子

亚历山大戴着蓝色王冠，正在敬拜阿蒙神

▶ 众神之王

埃及的万神之首阿蒙神地位相当于希腊最高神宙斯。阿蒙神在锡瓦绿洲的神殿中“承认”亚历山大为自己的儿子。亚历山大通过建造纪念建筑来感谢他的“父亲”，例如在卢索尔神庙内部的礼堂。

阿蒙作为“众神之王”以多种形式出现，这种标有挺立的阴茎的形象是其中之一

亚历山大准备向他的“上帝之父”阿蒙祈祷

知识窗

亚历山大古墓在何处?

亚历山大于公元前323年返回巴比伦，并在同年死于发热。根据传统，他应该被安葬在马其顿，在其父亲菲利普二世旁边。但事实上托勒密一世在前往埃及的途中将亚历山大的遗体转移到了埃及，先到了孟菲斯，然后到了亚历山大城，并在那里将其安葬。亚历山大古墓在古时被频频访问，特别是受到了未来的奥古斯塔斯（Augustus）国王奥克塔维恩（Octavian）的拜访。在现代纪元的最初几个世纪，亚历山大古墓的具体位置便不为人知了。

在西顿（Sidon）发现的石棺被认为属于亚历山大，因为里面有刻画胜利者的浮雕。

为了使权力合法化，也为了被承认为法老的后裔，亚历山大向孟菲斯的埃及众神进贡，并且参考利比亚沙漠锡瓦绿洲的阿蒙–拉神谕。在神殿深处，阿蒙–拉神“承认”亚历山大为自己的儿子（这样就延续了法老血脉），并且承诺他可以统治整个世界。这是众神讲给所有法老的话，希腊人将这个信息当作一个寓言。

寓言被众人所知后，亚历山大几乎还没有时间对埃及的政治或经济结构产生真正的影响，就死于发热。他死后，其同父异母兄弟菲利普·阿黑大由斯（Philip Arrhidaeus，公元前323—前317年在位）和他的儿子亚历山大四世（公元前317—前310年在位）都曾试图保持辽阔帝国的完整。然而，帝国很快就被分割成一系列小国，受到了敌对将军和他们的后代的统治。在埃及，托勒密一世[Ptolemy I，拉戈斯（Lagos）之子]接管政权，并创立了托勒密王朝。

克利奥帕特拉，最后的女王

克利奥帕特拉的形象不断出现在艺术、文学和音乐作品中。她是最著名的埃及人。她在公元前30年的自杀彻底结束了古埃及3 000年的历史。

公元前51年，克利奥帕特拉七世（Cleopatra VII，公元前51—前30 年在位）继承了埃及王位。此时，罗马已是地中海地区的主导力量。然而，聪慧过人且具有超强政治能力的克利奥帕特拉却决定维持埃及的独立。与父亲共同摄政后，克利奥帕特拉在18岁就继承了父亲托勒密十二世（Ptolemy XII，公元前80—前51年在位）的王位。然而根据父亲的遗嘱，她必须嫁给她最大的弟弟托勒密十三世（公元前51—前47年在位），并和他共同分享王位，尽管，托勒密十三世当时只有10岁。

▶ **女王侧面**

和之前很多女王一样，克利奥帕特拉头上戴着埃及象征女神奈库贝特的秃鹫形状的头盔。

克利奥帕特拉和恺撒大帝的会面

克利奥帕特拉继承王位后不久，一场政治斗争就在克利奥帕特拉和托勒密十三世之间展开了。托勒密十三世在公元前48年将克利奥帕特拉驱逐了一小段时间。此时罗马也非一切顺利，庞培（Pompey）、恺撒（Julius Caesar）和克拉苏（Crassus）所组成的3人执政模式也开始出现分裂。此时，恺撒在法萨卢斯战役中挤垮了庞培。庞培逃到埃及，并被托勒密十三世的支持者谋杀，因为他们希望得到恺撒（恺撒紧随庞培来到了埃及）的支持。克利奥帕特拉并不会轻易被战胜，她用她迷人的魅力征服了恺撒。

恺撒在亚历山大城住了几个月，在内战中打败了托勒密十三世，在公元前47年帮助克利奥帕特拉重回王位。他们诞下了爱情结晶——托勒密十五世小恺撒（Ptolemy XV Caesarion）。恺撒和克利奥帕特拉梦想着建立一个罗马和埃及统一后的全新王朝。在恺撒启程镇压他在小亚细亚的敌人前，他说服克利奥帕特拉嫁给了她两个弟弟中年龄较小的弟弟托勒密十四世菲拉帕托尔，那时他还只是个孩子。

▼ 水下历史

因为海岸面的不断变化，很多考古遗址都已沉入海底。1995年有人在亚历山大城沿岸的一次探险中发现了克利奥帕特拉的宫殿，并打捞起很多雕像和石头碎片。她是托勒密王朝的最后一位法老，将其统治建立在亚历山大城。

这座托勒密雕像沉寂于海底超过2 000年，在1995年被重新发现

强大的水织机曾被用来找寻古埃及财宝。然而，使用它们的恶果是对古埃及财宝的破坏

◀ 克利奥帕特拉的儿子

托勒密十五世小恺撒是克利奥帕特拉和恺撒大帝之子。他从公元前44—前30年和母亲一同执政。在埃及被罗马军团打败后，这位政权的合法继承人被奥克塔维恩杀死，因为他将小恺撒视作威胁。

在这块雕像石头或称石板上，小恺撒站在为埃及神阿蒙神举行的仪式的最左边。

▼ 克利奥帕特拉的祖先

克利奥帕特拉是最后一位托勒密法老。托勒密家族来自希腊，从公元前305—前30年统治埃及。托勒密王朝的缔造者是托勒密一世索特（Ptolemy I Soter，公元前305—前285年在位）。他在亚历山大大帝死后埃及内部政权纷争时成为埃及的领导者。

托勒密人保持着他们的希腊文化和语言，只有克利奥帕特拉将自己和人民等同，并且使用古埃及语言。尽管托勒密人有着希腊背景，但是他们尊敬埃及的宗教。这幅浮雕来自登达拉神庙，它展示了托勒密八世埃乌尔太斯二世（Euergetes II，公元前170—前116）和克利奥帕特拉二世向众神献酒献花的场景。

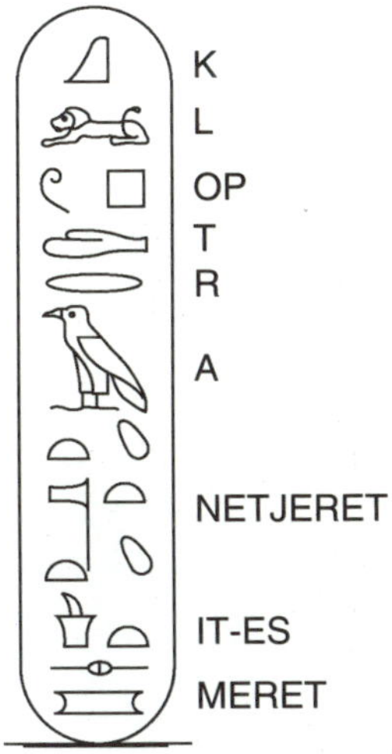

作为埃及女王，克利奥帕特拉拥有自己的名字徽框，这些象形文字意为“克利奥帕特拉，她父亲挚爱的女神”。

克利奥帕特拉在公元前46年跟随恺撒来到了罗马。然而在公元前44年，恺撒被暗杀。之后克利奥帕特拉回到埃及，命令处死她的弟弟托勒密十四世。她任命自己和恺撒所生的儿子与她共同执政。

克利奥帕特拉和马克·安东尼

在罗马，政权被马克·安东尼和奥克塔维恩（后来的奥古斯都大帝）掌握。马克·安东尼统治罗马帝国东部，奥克塔维恩统治西部。当安东尼命令克利奥帕特拉与他在塔鲁苏斯（Tarsus）见面时，她满载礼品逆流而上去向他致意。

马克·安东尼马上被克利奥帕特拉迷住了，并跟随她来到了亚历山大城。公元前40年，安东尼返回罗马与奥克塔维恩艰难讲和，不情愿地娶了奥克塔维恩的妹妹奥克塔维亚（Octavia）。3年后，安东尼意识到他和奥克塔维恩之间的分歧是无法调和的，于是又一次东渡，希望能够利用克利奥帕特拉的金钱去攻打波斯。他的战争失败了，不过他娶了克利奥帕特拉，后者为他生了一对双胞胎，安东尼便将帝国东部的部分地区赠予克利奥帕特拉和她的孩子。

面对着安东尼对罗马公然的背信弃义和对其本人的侮辱，奥克塔维恩大举入侵埃及，并于公元前31年在希腊北部海岸阿克提乌姆（Actium）的一场海战中打败了安东尼，原因之一是克利奥帕特拉的舰队莫名其妙地撤回了埃及。一年后马克·安东尼自杀。

克利奥帕特拉不愿意在奥克塔维恩面前低头，也不想被他当作战利品带回罗马。于是，她让剧毒眼镜蛇狠狠咬了自己一口，自杀了，因此也躲避了战败的侮辱。她的死预示着古埃及法老帝国的终结。

附：古埃及历史年表*

（含部分法老在位时间）

前王朝时期：公元前5500年—公元前3100年

内加达文化第一阶段（又称阿姆拉时期）：公元前4000年—公元前3500年

内加达文化第二阶段（又称格尔塞时期）：公元前3500年—公元前3100年

早期王朝时期：公元前3100年—公元前2686年

第一王朝：公元前3100年—公元前2890年

第二王朝：公元前2890年—公元前2686年

古王朝时期：公元前2686年—公元前2181年

第三王朝：公元前2686年—公元前2613年

萨那赫特：公元前2687年—公元前2667年在位

乔赛尔：公元前2667年—公元前2648年在位

第四王朝：公元前2613年—公元前2494年

斯尼夫鲁：公元前2613年—公元前2589年在位

胡夫：公元前2589年—公元前2566年在位

迪耶迪夫拉：公元前2566年—公元前2558年在位

哈夫拉：公元前2558年—公元前2532年在位

门卡拉：公元前2532年—公元前2503年在位

谢普塞斯卡弗：公元前2503年—公元前2498年在位

第五王朝：公元前2494年—公元前2345年

第六王朝：公元前2345年—公元前2181年

* 古埃及历史悠久，年代划分尚无定论，本表为一家之说，谨供读者参考。——编者注

特提：公元前2345年—公元前2323年在位

佩皮一世：公元前2321年—公元前2287年在位

第一过渡时期：公元前2181年—公元前2055年

第七和第八王朝：约公元前2181年—公元前2160年

第九和第十王朝：约公元前2160年—公元前2055年

中古时期：公元前2055年—公元前1650年

第十一王朝：公元前2055年—公元前1991年

曼图霍特普二世：公元前2055年—2004年在位

第十二王朝：公元前1985年—公元前1795年

辛努塞尔特一世：公元前1965年—公元前1920年在位

辛努塞尔特二世：公元前1880年—公元前1874年在位

第十三王朝：公元前1795年—公元前1650年

第十四王朝：公元前1750年—公元前1650年

第二过渡时期：公元前1650年—公元前1550年

第十五至十七王朝：约公元前1650年—公元前1550年

新王朝时期：公元前1550年—公元前1069年

第十八王朝：公元前1550年—公元前1295年

图特摩斯一世：公元前1504年—公元前1492年在位

图特摩斯三世：公元前1479年—公元前1425年在位

哈塞普苏女王：公元前1473年—公元前1458年在位

阿蒙霍特普二世：公元前1427年—公元前1400年在位

阿蒙霍特普四世（阿肯纳顿）：公元前1352年—公元前1336年在位

图坦卡蒙：公元前1336年—公元前1327年在位

霍伦海布：公元前1323年—公元前1295年在位

第十九王朝：公元前1295年—公元前1186年

塞提一世：公元前1294年—公元前1279年在位